青年期のこころの発達

−ブロスの青年期論とその展開−

山本　晃

星 和 書 店

Seiwa Shoten Publishers

2-5 Kamitakaido 1-Chome
Suginamiku Tokyo 168-0074, Japan

The Mental Development of Adolescence
—Blos's Theory and its Development—

by
Akira Yamamoto

Edition Copyright © 2010 by Seiwa Shoten Publishers, Tokyo

はじめに

　この『青年期のこころの発達』は，次のような経緯で書き始めました。
　私は特別支援学校（養護学校）の校医をしている関係から，現場の先生方あるいは親たちから青年期にある彼らの心理やこころの問題について，しばしば質問されます。
　初めのうちは非常に個人差があるので，個々のケースについてそれぞれ考えなければならないと返答していました。そのうち個々のケースから考えることも大切だが，もう一方で個人差があることを覚悟しながらも，一般的・大局的な発達という流れから考えてみることも必要なのではないかと思い始めました。その考えから，ここで現在できる範囲で青年期のこころの発達について述べます。
　まず青年期一般のこと，健常な青年の発達について扱います。次にノイローゼ（神経症）などの情緒障碍の心理発達がどのようになっているかについて図式的に展開します。
　初めにお断りしておきます。論述を具体的にするために，ケースをたくさん引き合いに出します。しかし，大部分は特定の現実のケースを指しているわけではなく，これまでの経験などから創作しています。いくつかのケースをつなぎ合わせたり，変更を加えたりしました。青年期の課題を典型的に表現するように，また本来の問題点を歪曲しないようにできるだけ工夫しました。
　こうして，大阪教育大学の講座紀要に毎年少しずつ書き始めました。内容的には，世界的に定評のあるピーター・ブロス Blos, P. の青年期論

(1962)[3]を，わかりやすく具体的に，さらに図を使って，学校の先生や学生にも理解しやすくするということを心がけました。

連載は，健常の発達とノイローゼ（神経症）などの情緒障碍を述べるところまで進みました。その後，軽度，中等度，重度の知的障碍（精神遅滞），そして自閉症などの広汎性発達障碍の青年期の問題を扱うつもりでした。ところが，大きい壁というか，むしろ高すぎる壁にぶつかりました。

広汎性発達障碍でない知的障碍は，正常のヴァリエーションでかなりカバーできると思われました。とくに軽度の場合はほとんど変わらないように思われます。しかし，「心の理論」の発達障碍を伴う広汎性発達障碍では，根本的に異なり，ヴァリエーションではすまないことがわかりました。すまないどころか，発達論の根本的見直しが不可欠なように思われます。その根本的見直しの手がかりを，本書の「第14章　付論1　相互主観的発達論を目指して」以下で述べることにします。

ブロスの青年期発達論（1962）[3]にはすばらしいものがあります。また，発達区分が日本の学校制度の学年と一致しているので，いっそう理解しやすいです。それをわかりやすく述べた第13章までは，小学校4年生以降，青年期が終わるまで，つまり30歳くらいまでのこころの発達について，学校の先生方，将来，教師になる学生たちが子どもを理解する上で，役に立つと思います。ブロスの本自体が長らく絶版になっていますので，ブロスの青年期発達論を知りたい精神科医，臨床心理関係の方にもお役に立つのではないかと考えます。

また，青年期のまっただなかにある学生たちが自分のこころを客観的に理解するのにも，役立つと思われます。あるいは，かつては自分たちも通過したはずの青年期にある青年をお子さんに持つ親たちが，そのこころを理解するのにも，役に立つと思います。

第14章以下の付論は，自閉症を中心とする広汎性発達障害を考慮に入れたときに，こころの発達というものが何を意味しているのかという

難問を解く手がかりを，自分なりに少し書いたつもりです．ここはかなりの基礎知識を必要としますので，この方面に関心を持たれている専門家にお読みいただければ幸いです．

2010 年 6 月

山本　晃

目　次

はじめに ……………………………………………………………… iii

第1章　「青年期」と「思春期」という言葉について …………… 1

第2章　「思春期」に対する「青年期」の変化 …………………… 3
　Ⅰ　身体が大きくなるという面　3
　　　ケース1「（脳）下垂体性小人症」　4
　Ⅱ　第二次性徴　5
　　　ケース2「思春期早発症」　5
　　　ケース3「強迫神経症」　7
　　　ケース4「神経性食思不振症」　8

第3章　「思春期」変化に対する「自我」の適応過程としての
　　　　「青年期」……………………………………………………… 11
　Ⅰ　クレッチマーの「青年期危機」　11
　Ⅱ　内外の変化に対する「自我」の適応過程としての「青年期」　13
　　　ケース5「前青年期」の不安　15

Ⅲ　友人関係による不安の緩和　17
　　　　ケース6　不登校からの立ち直るときの「友人」　18

第4章　青年期の特徴の1つとしての性的倒錯 …………………… 21
　　Ⅰ　幼児性欲　21
　　　　ケース7　幼児のマスターベーション　22
　　Ⅱ　青年期の倒錯的傾向　22
　　　　ケース8　「シュミーズ泥棒」　24

第5章　青年期の段階 ………………………………………………… 27

第6章　児童期 ………………………………………………………… 29
　　Ⅰ　児童期に身につけなければならないこと　29
　　Ⅱ　両親がそろっていない場合　30
　　Ⅲ　知能，特に言語の発達　31
　　Ⅳ　身体的能力の発達　32
　　Ⅴ　他人と共感する能力の発達　32
　　　　ケース9　「心の理論」について　32
　　　　ケース10　子どもは「パースペクティブ変換能力」，「心の理論」
　　　　　　　　　をいつごろ使えるようになるか　34
　　　　ケース11　自閉症児における「心の理論」発達障碍説　35

第 7 章　前青年期 ……………………………………………… 37

- Ⅰ　思春期の本能衝動　37
- Ⅱ　反抗　37
- Ⅲ　ギャングエージ　39
    - ケース 12　『スタンド・バイ・ミー』　40
    - ケース 13　少女たちが部屋にこもる　41
- Ⅳ　肛門期への退行　41
    - ケース 14　「排出」に関する話題　41
    - ケース 15　口唇期への退行　42
- Ⅴ　独立に伴う不安　42
- Ⅵ　太古的母親　43
    - ケース 16　歯の生えた膣　44
    - ケース 17　被毒妄想で食事を拒否した少年　45

第 8 章　青年期前期 ……………………………………………… 47

- Ⅰ　前青年期から青年期前期への移行　47
    - ケース 18　「キン肉マン消しゴム」の蒐集　47
    - ケース 19　入学時のクラス写真　48
- Ⅱ　身体の変化の受け入れ　49
    - ケース 20　拒食症（神経性食思不振症）　50
- Ⅲ　親友　51
    - ケース 21　親友　52

　　　　　ケース22 「自分の言ったことで，みんな怒っているのではないか」 53
　　Ⅳ　マスターベーション　54
　　　　　ケース23　マスターベーション　54
　　　　　ケース24　ポルノグラフィ　55
　　Ⅴ　強いものへの憧れ　56
　　　　　ケース25 「空手」の恨み　56
　　　　　ケース26　少女の男性的傾向　58
　　Ⅵ　少年の同性愛的傾向　58
　　　　　ケース27　ホモごっこ　59
　　　　　ケース28　相互のマスターベーション　59
　　Ⅶ　少女の「夢中」の対象　59
　　　　　ケース29　少女の同性愛的傾向　60
　　　　　ケース30　バスケットボール部の顧問　60
　　　　　ケース31　最近の週刊誌で読んだこと（性的関係の年齢の下限）　61
　　Ⅷ　退行への防衛　62
　　　　　ケース32　ナイフ，モデルガン　63
　　　　　ケース33　援助交際　63

第9章　青年期中期 …………………………………………………… 65
　　Ⅰ　独立　66
　　　　　ケース34　親による独立への抵抗　66

- II　異性に対する関心への移行段階　68
    - ケース35　友情の裏切り　68
- III　異性への関心　69
    - ケース36　神聖なもの　69
    - ケース37　アイドル　70
    - ケース38　10代の結婚　71
- IV　自己愛　72
    - ケース39　日記　73
- V　親たちへの過小評価　73
    - ケース40　軽蔑された父親　74
- VI　分離個体化　74
    1. 第1の分離個体化　75
    2. 正常な自閉　75
    3. 正常な共生段階　75
    4. 孵化　75
    5. 分離個体化段階　76
    6. 分化　76
    7. 練習　76
    8. 再接近　77
    9. 個体性の確立と情緒的対象恒常性　77
- VII　マスターソンの青年期境界例　77
- VIII　第2の分離個体化の過程　79

第10章　青年期後期 ……………………………………………… 85
　　Ⅰ　自我同一性　86
　　　　ケース41　「僕って何」　88
　　Ⅱ　イデオロギー　89
　　　　ケース42　左翼思想のこと　89
　　Ⅲ　幼児期の心的外傷を現実の世界で解決すること　90
　　　　ケース43　障碍者が家族にいること　91
　　Ⅳ　同一性拡散症候群　92
　　　　ケース44　脱落型の不登校　92

第11章　後青年期 ………………………………………………… 95
　　Ⅰ　青年期が延長したこと　96
　　Ⅱ　自我同一性の仕上げ　97
　　Ⅲ　モラトリアム　98
　　　　ケース45　兄のこと　99

第12章　青年期過程のいくつかの行路 ………………………… 101
　　Ⅰ　正常範囲の青年期過程　101
　　　1.　典型的な青年期　101
　　　2.　長びいた青年期　104
　　　　ケース46　いわゆる進学校の高校生　105
　　　　ケース47　学者として大成しない　105

3. 短縮された青年期　106
　　　　　ケース48　あるタイプの女子高生たち　108
　Ⅱ　正常から外れた青年期過程　109
　　　1. 見せかけの青年期　109
　　　　　ケース49　小学5年生の不登校女子　110
　　　2. 外傷的青年期　111
　　　　　ケース50　自殺企図をくり返す少女　113
　　　3. 遷延された青年期　113
　　　　　ケース51　職が定まらない　115
　　　4. 失敗した青年期　116

第13章　青年期の葛藤を軽減する可能性　……………………………… 119
　Ⅰ　有益な刺激を取り入れること　119
　　　1. 前青年期　119
　　　　　ケース12　『スタンド・バイ・ミー』（初出：第7章）　120
　　　　　ケース13　少女たちが部屋にこもる（初出：第7章）　121
　　　2. 前期青年期　122
　　　　　ケース21　親友（初出：第8章）　122
　　　　　ケース30　バスケットボール部の顧問（初出：第8章）　124
　　　3. 有益な刺激で危機的状況を脱すること　125
　　　　　ケース6　不登校からの立ち直るときの「友人」（初出：第3章）　125
　　　　　ケース20　拒食症（神経性食思不振症）（初出：第8章）　127

4. 性的葛藤を和らげること　129
　　　　　ケース27　ホモごっこ（初出：第8章）　129
　　　　　ケース28　相互のマスターベーション（初出：第8章）　130
　Ⅱ　有害な刺激を遠ざけること　130
　　　1. 空間的に有害な刺激から遠ざける　131
　　　　　ケース52　施設入所で改善した例　131
　　　2. 退行への防衛　131
　　　　　ケース33　援助交際（初出：第8章）　132
　　　　　ケース32　ナイフ，モデルガン（初出：第8章）　133

第14章　付論1　相互主観的発達論を目指して　……………　135
　Ⅰ　早期のエディプス関係　135
　Ⅱ　フロイトの死の欲動　136
　Ⅲ　メルツォフの研究　137
　Ⅳ　タスティンの葛藤　137
　Ⅴ　スターンの見解　138
　Ⅵ　自閉症についての「心の理論」の発達障碍説　138
　Ⅶ　相互主観性の発達　139
　Ⅷ　クラインの発達論　139
　Ⅸ　パーソナリティ発達　140

第15章　付論2　エディプス三角をめぐる展開　……………　141

Ⅰ　エディプス三角　141
　Ⅱ　幼児期　143
　Ⅲ　性器期　144
　Ⅳ　潜伏期，あるいは児童期　145
　Ⅴ　前青年期　146
　Ⅵ　青年期前期　147
　Ⅶ　青年期中期　148
　Ⅷ　青年期後期　149
　Ⅸ　後青年期　151
　Ⅹ　成人期　152
　Ⅺ　中年期　153
　Ⅻ　晩年期　155
　ⅩⅢ　エディプス三角の応用例　156
　　　1．神経性食思不振症（思春期やせ症）の場合　156
　　　2．シュレーバー・タイプの統合失調症の場合　157

第16章　付論3　相互主観性の発達　……………………………………　163
　Ⅰ　意識　164
　　　1．感覚的確信－目の前のこれという思いこみ　164
　　　2．知覚－物と錯覚　165
　　　3．力と理解力，現象と超感覚的世界　165
　Ⅱ　自己意識　166

1. 自己確信の真理　166
　　　　A. 自己意識の自立性と非自立性－支配と隷属　169
　　　　B. 自己意識の自由－ストア主義，懐疑主義，不幸な意識　170
　Ⅲ　理性　172
　　　1. 理性の確信と真理　172
　　　　A. 観察する理性　173
　　　　　a) 自然の観察　173／b) 自然の観察純粋な状態にある自己意識の観察，および，外的現実と関係する自己意識の観察－論理学の法則と心理学の法則　174／c) 自己意識の直接の内的現実への自己意識の関係の観察－人相学と頭蓋論　175
　　　　B. 理性的な自己意識の自己実現　175
　　　　　a) 快楽と必然性　177／b) 心の掟とうぬぼれの狂気　178／c) 徳性と世のならい　179
　　　　C. 絶対的な現実性を獲得した個人　181
　　　　　a) 精神の動物王国と欺し－価値あるもの　182／b) 理性による掟の制定　186／c) 理性による掟の吟味　187
　　　　D. 精神　189
　Ⅳ　パーソナリティ発達における『精神現象学』の意味　191

第17章　付論4　分裂機制に関する考察　193
　Ⅰ　「良い乳房」と「悪い乳房」　194
　Ⅱ　全体と部分ということ　195

Ⅲ　細分化　197
　　Ⅳ　分裂　198
　　Ⅴ　快でも不快でもないものを与える母親　199
　　Ⅵ　快い私と不快な私　204
　　Ⅶ　他者から見た自己　206
　　Ⅷ　自己意識の統一　208
　　Ⅸ　抑うつ的ポジション　209
　　Ⅹ　分裂－排除　210
　　Ⅺ　快い部分の分裂－排除　213
　　Ⅻ　羨望　214
　　ⅩⅢ　排泄　215
　　ⅩⅣ　「不快な経験」の解消　216
　　ⅩⅤ　「不快な経験」の増幅　217
　　ⅩⅥ　貪欲さ　217

第18章　付論5　記憶のなかの時代　…………………………………… 219
　　Ⅰ　口唇期や肛門期ということ　219
　　Ⅱ　自閉症児の治療経過　221
　　　　1．口唇期的エピソード　221
　　　　2．肛門期的エピソード　221
　　　　3．性器期的エピソード　221
　　Ⅲ　従来から言われている発達時期についての仮説　222

Ⅳ　自他未分化の時期　223
    Ⅴ　記憶のなかの時代　224

あとがき ……………………………………………………………… 225
参考文献 ……………………………………………………………… 227
索　引 ………………………………………………………………… 232
著者略歴 ……………………………………………………………… 237

第1章

「青年期」と「思春期」という言葉について

　これまで，第二次性徴の時期を指すのに，さまざまな言葉が使われてきた。「思春期」，あるいは「青春期」，「青年期」，「破瓜期」などという言葉がある。このような用語的な混乱を避けるために，最近では，「思春期 puberty」と「青年期 adolescence」という言葉を分けて使うようになった。

　まず，「思春期」というのは，第二次性徴を通じて，身体的変化が及ぶ時期を指す。第二次性徴に少し先立って，平均的には小学校高学年ころから，身長が急速に成長する。もちろん体重も増加する。やがて第二次性徴が発現する。少女では初経が起こり，少年では初めて射精を経験する。また少女では乳房がだんだんと大きくなり，少年ではひげが生え始め，男女とも陰毛が生え始めたりする。このような第二次性徴を含む身体的変化が起こる時期を「思春期」と呼ぶことにしている。

　一方，このような第二次性徴を経験する期間，すなわち「思春期」の変化に伴って，心理的変化，対人関係を中心とした社会的変化が避けがたく展開される。「思春期」の変化に対して起こる心理・社会的側面の変化の時期を，「青年期」と呼ぶ。したがって，「思春期」の期間と「青年期」の期間とは必ずしも一致していない。

　実際に，身体的に外に現れない時期から，微妙な形でこころのほう

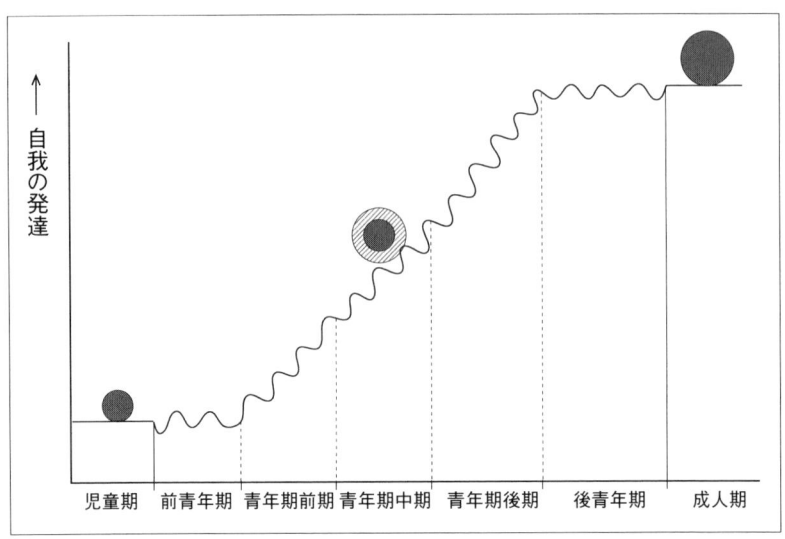

図1.1　自我の発達[46)]

青年期には，自我は凹凸の坂を登るかのように揺れながら発達してゆく．

で「思春期」に対する準備が始まる．「青年期」の前段階の「前青年期」が，10歳ころから始まる．18歳あたりで第二次性徴の最終的段階が終わっても，すなわち「思春期」が終わっても，こころのほうの決着はまだつかない．それ以降も青年期の仕上げとして，「後青年期」が30歳ころまで続く．

第2章

「思春期」に対する「青年期」の変化

　「青年期」は，第二次性徴，思春期の変化によって始まる。子どもの時代であったこれまでは，それなりに自分の身体や衝動に対してコントロールできていたのに，思春期の変化によってこのコントロールを取るのが難しくなる。思春期の変化はいくつかの面で現れ，青年にさまざまな影響を及ぼす。ここでは重要な2つの面に分けて考える。身体が大きくなるという面，すなわちいわゆる成長のスパートという面と，第二次性徴という面に分け，その影響について述べてみる。

I　身体が大きくなるという面

　生まれて間もない仔犬も，当初は飼い主の手を咬んだりしてじゃれて遊んでいる。だが，急に大きくなり，けれども仔犬自身はこれまでと同じようなつもりで飼い主にじゃれて咬んだら，歯が深く刺さってひどく出血することがある。仔犬は自分の筋力が増加したことを自覚していないために，咬筋コントロールを修正できていないのだろう。
　また，次のようなことは誰しも経験するだろう。身体がめざましく成長している時期に，1年前の服を無理矢理着たら，とても窮屈に感じる。実際の身体が去年より随分大きくなっているのに，それに対する身

体イメージが付いていっていない。去年の服のサイズのような身体イメージでは，もはややっていけなくなっている。

しかし，多かれ少なかれ，身体イメージの修正が行われる。

身体イメージの変化は，心理的側面に影響を及ぼす。従来のままではやっていけないから，自我の変化や成長を否応なしに引き起こすことになる。

外から見える部分のみならず，内臓の変化も忘れてはならない。特に第二次性徴と連動した内生殖器の変化が重要である。一定時間成長が続いた後，身体的な乱れが収まる。そして，身体的変化に対応する形で，心理的に成熟し，比較的安定度が高くなったとき，青年期が終わる。

ケース1　「（脳）下垂体性小人症」（小松，1994)[24]

だいたい脳の中央部に「間脳」と呼ばれる部位がある。間脳のなかに「視床下部」という重要な部位がある。ここには体温や臓器の機能調節などのセンターとして自律神経中枢がある。また，内分泌（ホルモン）の調節も行っている。

ここでのホルモン調節は視床下部のすぐ下にぶらさがっている内分泌器官「（脳）下垂体」をコントロールしている。（脳）下垂体からさまざまなホルモンが分泌される。成長ホルモン（GH）もその1つである。その他にも内分泌器官に作用して，そこからのホルモン分泌を刺激させるという上位ホルモンも分泌されている。例えば，卵巣や精巣を刺激するホルモン（LH，FSH）や，甲状腺や副腎皮質を刺激するホルモン（TSHやACTH）も分泌される。

A（男子）は未熟児として生まれた。幼児検診でやや身長が劣っていることが指摘された。母親は出産後3カ月で職場復帰し，結婚当初から同居していた夫の両親が，主に世話をしていた。Aは3歳のときに，てんかんの発作様のものを起こした。以来，部分てんかんということで，抗てんかん薬を服薬している。

その後,「特発性成長ホルモン欠損症」と診断され,成長ホルモン治療(筋肉注射)が始まった。そのころ,母親がうつ病になって,休職せざるを得なくなった。職場復帰ばかりを母親が考えている間,Aの身長の伸びは悪く,一時,成長ホルモン治療の対象から外されることも検討された。
　結局,母親は職場復帰を断念し,うつ病の状態もよくなった。と同時にAの身長が急に伸び始めた。母親はいろんな面で姑にはかなわないと,Aの世話も姑に任せていたところがあったが,注射だけは「とてもできない」と姑が断わったため,成長ホルモン注射は夫の助けを借りながら,母親が行った。そのことが母親が自信を持つ契機になったのかもしれない。
　(脳)下垂体性小人症とは反対に,成長ホルモンの過剰分泌が原因で,身長が大きくなりすぎる「(脳)下垂体性巨人症」という疾患もある。身長を伸ばすということに関して,成長ホルモンは中心的な役割を果たしている。

II　第二次性徴

　身体が大きくなることは,成長ホルモンの命令によって行われている。ところが性的な成熟は,性ホルモンによってなされる。
　両者は一応,独立して作用する。通常は身長の急激な増加と第二次性徴として性的成熟が近い時期に訪れるものだから,両者を混同しがちだが,本来は異なったものである。

ケース2　「思春期早発症」

　身体的成長のスパートと時期がずれて,第二次性徴が起こる疾患がある。それも随分と早く,身長がまだ充分に大きくなっていない時期に,性ホルモンの分泌が盛んになり,「思春期」の発来が早まることがある。それが「思春期早発症」あるいは「性早熟症」と呼ばれる疾患である。
　「思春期」の発来の時期には著しい個人差がある。しかし本疾患では,

男児で9歳までに精巣，ペニスの肥大および陰毛の発生などを，女児で7歳までに乳房の発育，陰毛の発生および初経などの第二次性徴が出現する。

　原因としては，間脳や（脳）下垂体の機能亢進によるもの，同部位の腫瘍によるもの，別な部位での性腺を刺激するホルモン産生腫瘍によるものがある。

　B（男子）は小学校3年生だが，背の大きさは他の児童とそう変わらないのに，陰毛も生えているし，ペニスの大きさは，成人並になっている。やや変声もしている。この疾患は必ずしも知的障碍を伴ってはいないが，Bの場合，軽度の精神発達遅滞がある。普通学級と養護（特別支援）学級で授業を受けている。最近目立つのは，行動が衝動的なこと，言葉遣いが荒いこと，やや反抗的なことである。

　Bでは顕著でないが，ケースによっては，年齢不相応に異性に対する興味が出てきたり，羞恥心なども表れることがあるという。

　このようなケースでもわかるように，衝動性とか異性に対する興味とかというような行動の変化も，「そういう年齢がきた」というような単純なことではなく，やはり性ホルモン分泌上昇がおおいに関係していると思われる。

「青年期」には，身体の大きさや運動能力のような量的な変化だけでなく，身体の質的な変化も受け入れなければならない。第二次性徴による性ホルモンの増大によって，身体イメージが質的にも随分と変わる。

　男性ではペニスの勃起や射精を経験するようになる。これまでになかったような変化が訪れる。このような変化は，新しいものであるために，受け入れが難しい。特にペニスの勃起などは，骨格筋のコントロールのようなわけにはいかない。意志のままにならない。自我の柔軟性が乏しかったり，強迫的傾向，潔癖な面が勝っていると，あたかも「異物」のように感じられることだろう。

　ひげ，陰毛，声変わり，あるいはニキビなども受け入れなければなら

ない。ここで少し注意を促したいのは，ニキビが大人の予想以上に苦痛の種だということである。「たかがニキビ」と侮ってはいけないように思われる。

ケース３　「強迫神経症」

　中学３年生のＣ（男子）は，中学２年のときから，不登校がちとなり，３年の春過ぎからはまったく登校していない。友人もいない。「強くなりたい」という願いが強く，ボクシングが好きで，ボクシングジムだけは夜に何とか通っている。

　潔癖性，専門用語で言うところの強迫的傾向が強く，何度も手を洗う。何でも確認しないと気がすまない。漫画を読んでも，前に描いてあったことが気になって，くり返しくり返し確認しながら読むので，疲れてしまう。ごく普通の週刊漫画を読むのに，１週間以上かかるという。いらいらも激しく，気に入らないことがあると，暴力的となり，とりつかれたように物を壊す。しばらくすると，落ち着いて後悔する。親には直接暴力は振るわない。

　暴力が出現した中学２年のときから，ある大学病院の精神科に通院していた。薬物療法を受けたりしたが，芳しくないので，別の大学病院に変えた。入院を勧められて１週間ほど入院したが，本人が嫌がって退院した。一進一退なので私の診察に来た。中学はもうすぐ卒業という段階になっていた。

　薬の処方を多少変更してしばらく様子を見た。若干の変化はあるものの暴力を我慢できないと言う。この時期には大きな問題であるし，家庭内暴力のケース経験から考えて，暴力などの衝動性の原動力となっていることもしばしばあるので，マスターベーションはかまわないということを母親同席のところで伝えた。本人だけで来院するように指示した。

　次にはマスターベーションのときの空想ないし，イメージについて話した。エロチックなアニメ漫画が好きであると聞き，次の診察までにその漫

画を私も読むことにした。次回にはその話題を持ち出すと，Cは雄弁にその種の漫画についての蘊蓄（うんちく）を語った。そのような面接をしているうちに，アルバイトをするようになり，家庭内暴力も我慢できるようになった。

　友人のない青年，あるいは友人と自分の抱えているやっかいな問題について会話する機会のない潔癖に育った青年は，「性」を受け入れるのにたいへんな苦労をするのではないかと思われる。

　女性では，大きくなる乳房，初経というまったく新しいタイプの身体変化を受け入れなければならない。青年期女性のほうが，身体の受け入れに困難があると考えてもよいのではないかと思われる。男性と同様，陰毛，ニキビなども，受容していかなければならない。

ケース４　「神経性食思不振症」

　青年期の神経症（ノイローゼ）の一型に，「神経性食思不振症」あるいは「思春期やせ症」，一般には「拒食症」と言われる疾患がある。大きな原因となる心理的問題の１つは，大人の身体，特に女性という身体の受け入れであると言われている。

　高校２年生のD（女子）は，あまりにも体重が減少し，しばしば倒れて保健室を訪れる。身長160cm，体重32kgで，内科を受診した。内科的な異常がなく，精神科へ紹介されてきて，私が診察することとなった。

　学業もあるので，ある程度のアクシデントは覚悟の上で，体育は見学ということにして学校へ通わせた。しかし，結局は体力的に通学困難となり，留年して次の４月に復学した。向精神薬で精神的に緩和させようとしたが，過食と嘔吐の連続で，体重はなかなか戻らなかった。家族関係，特に母子関係の心理的な問題と考え，母親に話しても，表面的にはうなずいているものの，真に理解しようとはしなかった。メンタルに支えるということを中心に，外来通院を続けさせた。

　その後，出席日数不足で再度留年することとなり，それを機に退学し，

定時制高校に替わった。登校時刻が遅いので楽になった。また，母親が病気になり，多少母親のDへの攻撃性が軟化した。現在は卒業して，事務員をしている。体重も正常域に戻り，何とか頑張りながら勤めている。月経については，以前には「あんなもの，ないほうがすっきりする」と言っていたが，自分から婦人科受診を希望し，ホルモン剤を投与され，月経も何とか復活した。今ではホルモン剤なしでも，不規則ながら月経がある。

　下坂は神経性食思不振症の重要な点について，「成熟拒否」と言った（下坂，1961）[42]。自分が女性という成人になっていくのを，拒否しているのであろう。女性になっていく身体を拒否する手段として，無意識に「食べない」のであろう。

第3章

「思春期」変化に対する「自我」の適応過程としての「青年期」

I　クレッチマーの「青年期危機」

　クレッチマー Kretschmer, E. は，青年期について次のように述べている（1974）[25]。健康な青年では身体的成熟と相まって，精神的成熟も一連の発達過程を踏んで一定のテンポで行われていく。が，身体的基盤に微妙な障碍があると，精神発達のテンポとの間にずれが生じて，社会的な対人関係の障碍の原因ともなる。経験的に，正常青年の日常的な青年期の困難状態から，重度の青年期危機であるパーソナリティの障碍，さらには統合失調症に至るまで連続線上の系列として捉えることができる，と。

　クレッチマーは，今日のような用語上のとり決めがなされる以前なので，「青年期危機」と言わず，「思春期危機」と言っている。そして，成熟に何よりも身体的基盤を重要視している。ただし，クレッチマーの言う身体的基盤とは，中枢神経系を含めた身体という意味で，大脳の機能とか視床下部の機能や，ホルモン機能のアンバランスをも含めたものを言っている。

　身体的な成熟に微妙な障碍があると，精神面の成熟が，それに同期で

きなくなって対人関係などに障碍を引き起こすという。彼によれば，正常な青年でも日常的に「青年期困難」があり，それが著しい場合には「困難」と言うよりも「危機」と言うべきであり，それを「青年期危機（クレッチマーによれば思春期危機）」と名付けている。われわれの今日的な概念で言えば，軽度のパーソナリティ障碍に相当するかと思われる。青年期がだらだらと延長し，単なる反抗というレベルを超えて，親や教師に対しても反射的に反抗する傾向を生んだりする。もっと障碍が重篤化すると，精神病に近いようなパーソナリティ障碍，さらには統合失調症に至ることもある。これらは別々のものというのではなく，連続線上の状態として捉えることができると言う。

　また，私はクレッチマーより少し「社会関係」，「対人関係」を重視したい気がする。いわゆる心身症は，精神的原因から引き起こされる身体の病気である。精神的原因としては，やはり社会的なストレスを含まざるを得ない。サラリーマンの胃潰瘍などは，ピロリ菌感染による場合もしばしばあるが，社会的ストレス，対人関係のストレスが，主として自律神経系を通じて，身体的疾患を引き起こすことはよく知られている。青年が今，直面している学業の負担，あるいはイジメなどのストレスは，やはり自律神経系を介し身体の不調，胃潰瘍のみならず，特に月経不順などのホルモン分泌異常を生み出すだろう。現時点での「社会」的要因が原因で「身体」のほうも異常になる。

　過去からの積み重ね，歴史的な社会的原因でも，身体の異常を生み出す。発達論的観点から，幼児期からの対人関係の障碍は，自我あるいはパーソナリティの発達に障碍をもたらすと考えられる。自我発達の障碍は，思春期の変化を自分に引き受けるのに支障を来す。思春期の変化を引き受けるのに困難があると，必要以上の不安を生み出す。強い不安は自律神経系を介し，逆に身体機能の障碍を引き起こすのではないかと思われる。したがって論理的には，過去の「社会」的要因からくる生活史的原因でも，身体の異常が生じる。

「思春期早発症」のケースから見て，「青年期」の引き金を引くのは，性ホルモンを中心とする身体的変化であろう。性ホルモンが引き金となって，対人関係の変化を生むという点で，一次的には身体的変化のほうが重要であろう。この意味でクレッチマーの論が，順序からいって正しいだろう。しかし，社会的なものも身体に影響を与える。実際には時々刻々と相互に影響を与え合っていると考えられる。

II　内外の変化に対する「自我」の適応過程としての「青年期」

「青年期」は，「自我」の発達あるいはパーソナリティ発達という側面から見て，内側と外側の変化に対する自我の適応過程と考えるとよいのではないかと思われる。内側の変化とは，第二次性徴を含めた身体の変化とそれによる衝動の増大ということになる。外側の変化とは，家族を含めた対人関係の変化と社会への進出という課題と考えられる。内側の変化と外側の変化の仲介役を，「自我」が果たしていると言えるだろう。

ただし，ここで言う「自我」は，特別な規定を必要とするほどの意味で使っていない。青年が，外の世界と身体（内側の世界）に対して，意識できる範囲で，それらを区別しながら，意識している内容と，自分で意識しているという意識（感じという程度でもよい）を持っている（自己所属性の意識），という程度の意味で考えている。

内側の変化は，自我を通じて外側の変化に影響を及ぼす。性ホルモンの変化で対人関係が変わる。また，外側の変化は自我を通じて，内側を不安定にしたり，逆に安定化させたりする。対人関係のトラブルは，自我の不安を増大させ，性ホルモン異常を生じさせたりする。このように，身体的なものが心理・社会的なものを突き動かし，心理・社会的なものが，身体的なものから直接に引き起こされた心理的不安定を増幅したり，鎮めたりする。両者は自我を介して相互に関係している。

詳しく述べると，まず，内側の変化，すなわち身体的変化に衝き上げられる形で，「自我」が変化せざるを得なくなり動き出す。まず，身長や体重が急速に増加する。筋力も増加する。このことは，すでに述べたように身体的イメージの変化を要求する。

人間は意識的，また半ば無意識的に歩いたり走ったり，高いところの物を取ったりして，身体を動かしている。そのためには厳密に自分の身体の大きさを把握していなければならない。歩いたり走ったりするためには，身体の大きさのみならず，筋力や関節を含めた運動可能性を把握していなければならない。

常に少しずつ変化しているが，思春期にはその変化がとりわけ著しい。すると身体の静止イメージのみならず，身体を動かすプログラムを，短期間に書き換えなければならない。このようなプログラミングの変更は，「自我」あるいは「脳」にそれなりの負担になるだろう。

例えば，われわれが足を捻挫したり骨折した場合，痛みやギプスのために，運動が制限される。この間，身体的イメージ，専門的には身体図式を変更しなければならなくなる。試行錯誤しながら苦労して，できる運動とできない運動を区別し，段取りを組み立て直してやっていかなくてはならない。これは制限されるほうの例だが，逆に青年期には増加する方向にあるものをコントロールするということをしなければならない。

もっと重要なのは，先に述べたように，少年ではペニスの勃起や射精，少女では乳房の変化，初経などという，それまでにほとんど経験しない新たなもの，それもコントロールしがたい自分の身体的変化を，支配するというより，受け入れなければならない。新たに最初からプログラムを設計しなければならない仕事に相当する。これは大きな自我への負担となるだろう（図3.1）。

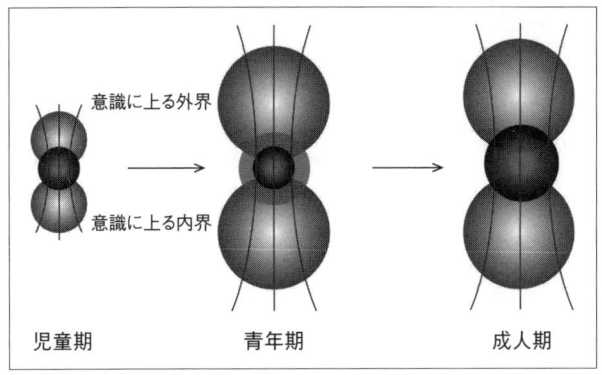

図 3.1　自我の変化 [46)]

青年期には，内界，外界の自我へかかる負担が増加する。それに応えるために自我は発達する。内界，自我，外界は相互に関係する。上下の線は，意識に上らない外界，意識に上る外界，自我，意識に上る内界，意識に上らない内界が，相互に影響し合うことを示している。

ケース 5　「前青年期」の不安

　私はある中学校の学校カウンセリングを長年していた。その学校では，後に起こるかもしれない問題に対して，相談を持ちかけられた時点でのアドバイスをより的確にするために，入学時，全員に簡単な心理テスト（バウム・テスト）を施行して，卒業まで保存していた。その後，諸事情の変化から，この事業は中止になった。

　そのなかで驚かされたことがある。中学 1 年の入学当時には，外見的に第二次性徴まっただなかの生徒もいれば，第二次性徴の気配さえ感じさせない生徒もいる。第二次性徴の気配のない生徒は，たいていはクラス全員の写真撮影で前列にいる。

　心理テスト上，かなり不安傾向の強い生徒のなかに，1 クラスに 1 人か 2 人程度だが写真前列に写っている生徒がたいていいる。担任にクラスでの様子を尋ねると，きまって「小学生のような子です。似たような子たちと，にぎやかに子どもっぽい遊びをしています。機嫌よくやっていますし，特に反抗的ということもありません。ただ少しうるさいですが……。

何か問題でも？」という答えが返ってくる。たいていは男子である。こちらは「いえいえ別に」と答えることにしていた。

だいぶしてからこの傾向について次のように考えた。第二次性徴が出現する前の時期，すなわち「前青年期」は，だいたい小学校の高学年くらいになる。この時期は，成長ホルモンと性ホルモンなどが活発に分泌され始める時期に当たるだろう。まだ外面的に現れないだけで，成長速度の加速現象が出現する直前であり，内部では第二次性徴の準備も始まっていると思われる（性ホルモンはだいたい，少女では11歳前ごろから，少年では12歳前ごろから増加するようだ）。脳の視床下部にあるホルモンの中枢は，大人の身体になるために一生懸命新しい仕事をし始めている。成長ホルモンと性ホルモン分泌という新しい課題のために，身体面が不安定になっている。この種の身体面の不安定は，自我のほうでは初めての経験で，どうしてよいかわからない。何とか安定方向に持っていかなければならない。自我にとっては，これは捉えがたい未知の大きな「不安」の源となると考えられる。

第二次性徴の訪れには個人差が大きい。中学入学時に前列に座っている子どもっぽい少年たちは，通常は小学校高学年に相当する「前青年期」のまっただなかで，不安なテスト結果を示すのではないか。クラス写真で後列にいる第二次性徴を表面に出した少年たちは，そのふてた顔貌にも似合わず，安定したテスト結果を出している。彼らはすでに「青年期前期」にいる。もし「前青年期」に相当する小学校高学年のクラスでテストすれば，かなりの児童が「前青年期」的な不安定な心理状態を示す結果が出るのではないかと思っている。

小学校の教師を続け，一時は中学校にも勤めたことのある，退職間近の女性校長が，「私は，長年の経験から，小学校4年生の女子が一番難しいと思う。すごく微妙な変化が起こっていて，それがとても捉えにくい」としみじみおっしゃった。女子の場合，初経の年齢から考えて，前青年期はたいてい小学校の4年生に相当する。前青年期の不安をとてもうまく表現

した言葉と感じた。男子は若干遅れて，なかには中学生になってから前青年期を迎える生徒もいるのだろう。

III　友人関係による不安の緩和

このように，「自我」には，内からの課題が押し寄せてくる。つまり，身体イメージを組み替えて，そして性的衝動という大きくなった衝動を統制しなければならない。これらに応じた分だけ，統合力を高めなければならない。簡単に言って「大きく」ならねばならない。

外からも，学校を中心とするところから圧力がかかってくる。学業を次々とこなしてゆかねばならない。体育や部活動，クラブ活動などを通じて，運動能力を高めるという課題もある。それと同時に，あるいはそれ以上に大切なのは，変化する対人関係を調整しなければならないことだろう。家族内でも変化はあるだろう。しかしもっと大きいのは，近隣の友人たち，クラスメートたちと円滑な人間関係を取り結んでいかねばならないことだろう。過度な要求とか強要に対しては，円滑にと言うよりも，その場その場に応じた，拒否，拒絶あるいは回避ということもしなければならない。「自我」は拒否や回避もこなせるようにならなければならない。外からの圧力に対して「自我」は，大きくならねばならない。

対人関係も変わっていくだろうし，一定ということはない。クラス替えあるいは転校などは，自我にかなりの負担となるだろう。

外からの変化を統制，克服していくような統合力を高めるという課題は，本質的に自分自身で達成しなければならない問題ではある。しかし，対人関係は外からの圧力ではあるが，反対に内外の圧力を和らげる作用も持っている。

実際，友人と問題や不安を語り合ったりすることで，随分と問題解決が容易になる。内部の問題，例えば性に関すること，あるいは外側の問

題，例えば数学がわからない不安など，「君も，同じか」という一言でどれだけ大きな不安が氷解することだろう。必ずしも真面目な顔をして，真剣に会話する必要はない。クラスやクラブ活動での合間にちょっとふざけ合って話される内容が，自分の悩みと一致しているだけでよい。それを聞いたら，こころのなかで「何だ，皆そうなんだ」と思える。すると，何カ月も悩んでいた問題が一挙にどうでもよくなる。さっきまでの不安が嘘のように解決する。「自我」に恐ろしい緊張を与えていた問題が，かなり解決してしまう。何気ない友人関係がいかに大切かがわかる。したがって，不登校やイジメなどの問題のために，友人関係が乏しくなるとか，欠落するということは，青年期の発達課題を克服する際の貴重な援助の手がかりを剥奪することになる。

ケース6　不登校からの立ち直るときの「友人」

　中学2年生のE（男子）は，中学1年の2学期からほとんど登校していない。小学校のころから，週に1～2日程度休むような習慣がついていた。中学に入って初めのうちは，今度こそちゃんとやろうと張りきっていたが，それも1学期のうちだけで，2学期も半分以上休み，3学期になってからは，始業式に行ったきりで，それからは登校していない。中学2年になってからも，4月の始業式から数日登校したが，その後は行かなくなってしまった。

　常に担任やクラスメートは，プリントなどの配布物を持って家を訪問していた。Eは気が向くと出てきて話した。5月の遠足の話題に乗り気なので，拒絶を覚悟で担任と仲間になれそうなクラスメートとでかなり強引に誘った。すると，Eは遠足に参加した。担任や生徒指導教諭，保健室の養護教諭と申し合わせて，これからは保健室登校でどうかと話し合った。それ以来，Eはぽつりぽつりと保健室登校をするようになった。保健室で勉強することはあまりなく，ほとんど養護教諭と雑談をしていた。しかし，毎日登校するようになると，ある意味で養護教諭も精神的に負担になって

きた。そこで書類整理や印鑑つきなどの事務的な雑務をもらってきてさせることにした。だんだんとそれも飽きてきて，1学期の終わりころには，ときどきクラスに顔を出すようになった。

　この時期に次のような問題が生じた。同じクラスのF（男子）は，家庭的な問題もあり，非行傾向があった。たまたま家が遠くないということもあるが，EはFと付き合うようになった。Eの親は非行の道連れになるのではないかと心配した。しかし抑えていた。やがて，もっと困ったことが起こった。EとFはほぼ毎日，連れだって登校するようになっていて，親も喜んでいた。しかしときどきFの怠学傾向に引きずられて，朝，EがFを誘いに行って，Fの体調が悪いとか，気分が優れないと，EはFの家で登校せずに，一緒に1日中いることがあった。このことで，Eの親はFと付き合うのを止めさせようとした。せっかく不登校から立ち直ってきているのに，Fが足を引っ張っていると考えたのである。

　担任，養護教諭，生徒指導教諭が，Eの親を次のように説得した。やっと友人ができて，学校に馴染もうとしているときに，親が邪魔をするのは，逆効果ではないか，ここは小さなことよりも，長い目で見てはどうかと，考えを伝えた。しぶしぶ親も納得し，少し様子を見ることにした。

　Eは学校へ行かないときにアニメの漫画をよく描いていたが，運動会の応援用看板にその能力を発揮し，クラスの皆から一目置かれることになった。これに自信をつけ，しっかり登校するようになった。中学3年になって，Fとの友情も続けながら，別な友人もでき，元気に登校するようになった。Fの登校は家庭的な問題もあり，ペースが変わることはなかったが，Eがそれに引きずられることもなくなった。そして，Eは高校へ進学した。

　このケースは次のように考えることができる。不登校を続けていたEにとって，クラスはまとまっていて，自分がすぐに入っていけるような雰囲気ではなかった。そのクラスにあって，Fは別の問題でやはりクラ

スから距離を置いて，溶けこめないでいた。EにとってFは，クラスのなかで自分の気持ちを一番わかってくれる者だったのではないか。担任はそれなりに適切と思われる男子に頼んで，Eにアプローチをかけさせていた。しかし，当時のEには，クラスの中心にいるその子よりも，クラスの辺縁で不安を漂わせたFのほうが接近しやすかったのであろう。引け目と緊張と不安で一杯のEには，Fこそ必要だったのだろう。

　第二次性徴の変化，とりわけ性衝動の高まりにしたがって，少年，少女は両親または親代理（親の代わりとなる人）から離れる。まず同性の友人に向かい，やがて異性に向かい，だんだんと対人関係を拡大し変えていく。そして，家族外の社会へ出て，そのなかでの自分を確立する。外の変化，社会に対する変化が一応終わり，青年期が終了する。やっと，安定した成人の自我となる。

第4章

青年期の特徴の1つとしての性的倒錯

I 幼児性欲

　精神分析の創始者フロイト Freud, S. は，幼児にも性欲があると言った（1916/17）[7]。性欲が出現するのは，成人あるいは少なくとも思春期以降と考えるのが普通だろう。精神分析においては，幼児にも性欲があり，発達段階に応じて身体のいろいろな部位が感覚的に反応しやすくなるとする。生まれてしばらくは，口唇を中心とする部位である。母親との情緒的つながりが，母乳を口唇から受け取ることから展開されると考えれば，納得がいく。次に敏感になる部位は，トイレットトレーニングを受ける時期と関連して，肛門ということになる。その後，性器に移ると言う。

　フロイトは口唇，肛門，性器を性感帯と言い，それぞれの部位が過敏になる時期を，口唇期，肛門期，性器期（エディプス期）と言う。小学校へ入学する少し前ごろから思春期に入る間は，性感帯がおとなしくなるので，潜伏期と言う。

　成人になってからのノイローゼ（神経症）は，幼児期に心理的に問題（心的外傷）があり，そういう時期にこだわって（固着），部分的に心

理的な赤ちゃん返り（退行）を起こしているのだと言う。

ケース7　幼児のマスターベーション

　幼児の性欲は，精神分析のノイローゼ理論に必要とされる理論的なものに過ぎないと私は思っていた。しかし次のような光景を見て，理論ではなく事実なのだと考えるようになった。

　医学部の学生だったとき，外来実習で小児科にローテーションが回ってきた。ある講師の先生の診察を見学しなさいと，私を含め3人の学生があてがわれた。

　3歳の女児が両親に連れられてきていた。問題（主訴）は「言葉の発達が遅い」ということであった。やや身体も小さめで，先生は身体的な発達を診るために，女児を裸にさせてベッドに寝かせた。聴力に問題はないようだし，知的発達を含めた全般的な発達障碍の可能性があり，いろいろな検査をこれから進めようということになった。

　先生は診察しながら私たちにいろいろと質問された後，両親に詳しく説明された。その説明の間，女児は，自分の股間に手を持って行き，しばらくこすって，「キッキ」と喜ぶ声を出し，また股間をさすり始めた。その長い説明の間中，ずっとくり返した。父親は先生の説明を聞こうとしながらも，恥ずかしそうに私たちのほうを見て，何度もその手を押さえた。母親は必死で先生の説明を聞き漏らすまいと，子どもの動作を無視した。女児はおかまいなしに，その動作をくり返した。

　幼児の神経症的行動異常，習癖として，男児のマスターベーションはよく知られている。子どもだからといって，幼児の性欲を単純には否定できないと思われる。

II　青年期の倒錯的傾向

　フロイトは言っている。幼児はいろいろな部分の性欲を持っており，

それらは発達的に統合できていない。また，道徳的に恥ずかしいとかいう精神的な堤防を築き上げていない。そのため，倒錯的な傾向を持つと言う。口で性欲を感じる（口愛），肛門で性欲を感じる（肛門愛），マスターベーション，サディズム，マゾヒズム，露出したい願望（露出症）など，いろいろな倒錯的傾向を持つ（多形倒錯性）。成人における倒錯も，この幼児期の倒錯傾向を拡大したものだ，と言う。

　性的倒錯も正常範囲との区別が難しい。正常の性交の前戯や，当事者が正常で相互に納得でき，心身の障碍をもたらさないときは性倒錯とは言えないと言われる。

　最近の高校，場合によっては中学校で，妊娠という問題がないとは言えなくなってきている。高校，中学校の保健室の養護教諭のみならず，頭を悩ませている先生方もけっして少なくはないと思われる。後に述べる心理的発達という点から，また，経済的問題をも含めた社会的発達という点からも，青年期では，たいてい異性間で正常の性交をするのは望ましくないと考えられる。

　このような点からも，正常の方法で性衝動を解消するということは，青年では妨げられている。自我もまだ充分に統合されていない。幼児の名残を残している。道徳的な羞恥心はそれなりに植え付けられているのに，ありあまる性欲が押し寄せてくる。がまんすることや運動などでの昇華で何とかするということができない青年も少なくないと思われる。論理的に考えても，正常な方法以外のやり方で，性衝動を発散させるということにならざるを得ない。もっとも広い意味で，倒錯的にならざるを得ない。

　マスターベーションも，もっとも広い意味では正常な方法ではないので，性倒錯に属する。しかし，時代的なものも考えてみなければならない。宗教的理由もあり，欧米では昔はマスターベーションは異常と考えられていた。今では青年期のマスターベーションを異常とは考えにくい。また最近では，多くの国で同性愛も認められようとしている。

ケース8　「シュミーズ泥棒」

　随分と前の冬も近い秋，ある高校の先生から相談を受けた。3年生のG（男子）が女子更衣室のなかで，シュミーズを盗んでいるのが発見された。前からこの種の被害が数回あったが，犯人は誰かわからないでいた。Gは成績も優秀で，ある私立大学への推薦入学も決まりかけているところだった。校長，教頭を交えた数人の教師で相談した。本来ならそれなりの処分をすべきだが，Gはもう卒業も間近で，これまで何も問題も起こさなかった優等生で，友人もそれなりにいる。今，この段階で処分するより，治療が必要な「情緒的な病気」であり，今回の事件は病気のなせるわざで，問題行動の処分として対応するよりも，専門機関による治療にまかせたほうがよいという方針が決定した。ついてはその治療を行ってくれないかという依頼が私に来たのである。

　青年期の一過性のものであれば，そのうちに治まるだろうし，そうでない根深いものなら，残念ながら治療するのは難しいと答えた。学校側の考えは，治さなくてもいい，とにかく治療中ということで，そのまま卒業させたい。それから先のことは学校内のことでなくなるし，また盗みを行えば，社会的にそれなりの制裁を受けるだろう。被害者の少女には気の毒だが，今回のことで彼の将来をつぶしたくないとのことだった。

　次の週に，Gは診察に1人で訪れた。かなり小柄の温厚そうな男子だった。今回のことについては言いにくいだろうが，何とか卒業させたいための先生方の処置であるし，最低限卒業するまで通院してくれ，その先は君自身の考えで自由だ。その気持ちはわからないではないが，盗みはいけない。卒業まで，再びしないことを約束してほしいと伝えた。Gは納得して週1回通院し始めた。

　詳しいことは言いにくそうにするし，話さない。断片的に述べるところでは，新品ではなく，実際に女子が使っているシュミーズしか興味がないし，現実の女性よりも，シュミーズのほうが性欲をかき立てる。それでもって現実の女性を想像し興奮するというのでもない。パンティにもあま

り興味がない。シュミーズに射精する目的で盗んでいるらしい。

　性的倒錯には，性対象の異常と性目標の異常がある。口愛とか肛門愛などは性対象の異常に属する。本来は異性の性器こそ性対象となるべきなのに，口とか肛門を対象とするので，性対象の異常だということになる。

　サディズムとかマゾヒズム，露出症などは性目標の異常に属する。生殖器による性的満足こそ，本来の性的満足の目標であるのに，それとは違ったことで性的満足を得ているから，性目標の異常ということになる。

　生殖器と異なった物にこだわって性的満足を感じるのは，フェティシズムに属する。一般にフェティシズムは性対象の異常であると同時に，性目標の異常にも属するという。例えば，女性の脚にのみ性欲を感じ触りたがる場合，性対象の異常であると同時に，性目標の異常でもある。

　彼のシュミーズに対するフェティシズムは，性対象の異常ではあるが，性的満足の仕方は射精ということである。シュミーズは単に感触を求めるのではなく，女性性器の代わりに用いている。一般にフェティシズムで言われるように，性目標の異常でもあるかどうかは微妙なところのように思う。

　Gは大学の推薦入学にも合格し，無事に卒業もした。以後通院するかどうか聞いたら，自分で頑張るというので，治療の終了とした。治っているかどうかについては，その時点では否定的と思われる。現実の女性にあまり性欲を感じないというところが気になった。

次はブロス Blos, P. の青年期発達期分類（1962）[3] について述べたい。

第5章

青年期の段階

　青年期の時期的分類には，これまでにも権威ある研究者からいくつも提出されている。青年心理の分野やサリヴァン Sullivan, H.S. の分類（1953）[43]なども紹介されることがある。最近はブロス Blos, P. の分類（1962）[3]が引用されることが多い。実際の中学生，高校生の心理的発達課題を考えてみると，この分類がもっともわかりやすい。また，ブロスの発達期分類が，日本の学校制度とほとんど一致していることもあって，学校現場で適用しやすいと思われる（図5.1）。

暦年齢	10	11	12	13	14	15	16	17	18	19	20	30
思春期		成長速度の加速現象		第二次性徴の発現と非対称性の成長			均整のとれた性特異的な身体的成熟			骨端線閉鎖	安定	
発達時期	児童期	前青年期		青年期前期			青年期中期			青年期後期	後青年期	

図5.1　発達の時期
（皆川邦直：青春期・青年期の精神分析．ピーター・ブロスの研究をめぐって．小此木啓吾編：青年期の精神病理 2. pp.45. 弘文堂，東京，2002 を一部改変）[34]

この分類はかなり細かく5段階に分けられている。ブロスも言っているが、ここで言われている年齢で必ずこの段階に達し、この課題を達成しなければならないわけではない。青年によっては身体の成長がやや早熟であったり、奥手であったりする。また身体的成長だけでなく、彼らの置かれている環境によって、心理的発達課題の達成が先延ばしになることもある。年齢はだいたいの目安と考えたほうがよい。ただ大切なことは、この5段階を踏んで青年期がおおむね経過するということである。

　正常発達でも、ある時期が不完全で明瞭でなかったりすることもある。しかし、ある心理的発達段階を踏んで次のステップの段階へ発達してゆく。ある段階が不完全に経過することがあっても、どの段階も省略したりすることはできないと考えられる。

　次章からは各段階の大まかな対人関係の変化とそこでの発達課題について述べる。

第6章

児童期 *Childhood*

I 児童期に身につけなければならないこと

　児童期は，青年期に属さないが，すぐに思春期の衝動増大に直面しなければならない。思春期の衝動増大に対して準備をする時期として大切だと考えられる。

　可愛らしい，子どもらしい時期であり，両親や親代理に対して，葛藤も比較的少ない。友人たちもどちらかといえば，男女差なしに付き合っている。この児童期にすでにある種の対人関係上の問題が表面化している場合には，後で述べる正常範囲に入らない青年期発達のコースが予想される。

　児童期には次に訪れる思春期の変化に対処する力を身に付けなければならない。これですべてではないが，次の3点が重要と思われる。

　a) 知能，特に言語による表現力がこの時期に発達していなければならない。
　b) 身体的能力もある程度発達していなければいけない。
　c) 他人と共感するなどの社会的理解も進んでいなければいけない。

　本章では，それぞれについて説明する。

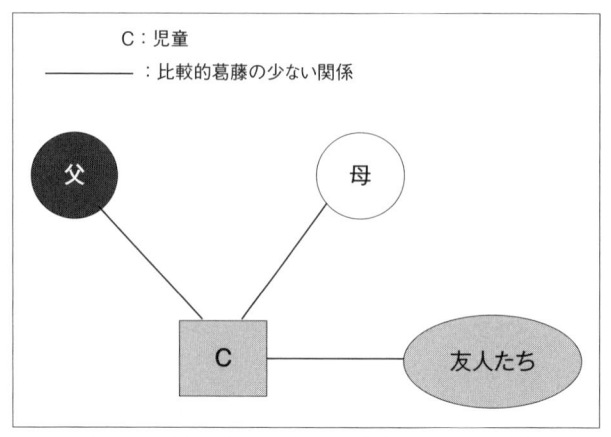

図6.1　対人関係の変化：児童期 Childhood[46]

Ⅱ　両親がそろっていない場合

　その前に，お断りしなければならないことがある。

　親がどちらかの1人しかいないとか，あるいは，両親ともいないという場合は，どうなるのかということを説明しなければならない。いろいろなケースを診ているなかで，このように考えるに至った。

　例えば，両親が離婚して，母親が子どもを引き取って育てているとする。この場合，心理的に父親に当たるのは，母親のなかにある「父親イメージ」だろうと思われる。そこへ，例えば，母親の父，つまり，子どもにとって祖父のイメージが加わる。父親が子どもを引き取った場合，その逆になるだろう。

　また，いろいろな理由から，親が育てることができず，施設などで育てられた場合はどうなるのか，ということもある。これについては私自身が多くのケースを経験できていないので，確定的ではないが，施設全体が大きな両親の役割を果たしているように思われる。熱心に関わってくれる指導員や，施設長といった人たちが両親のイメージを担う。そし

て，ときどき実際の親や祖父母に会う機会があるなら，それらの人たちのイメージを基に，施設の影響が加わるように思われる。

第15章で述べるが，この場合の両親というのは，現実の両親というよりも，あくまで本人の内的な両親でしかない。もちろん，現実の両親，あるいは，周囲の人々から影響を受けてできあがる。しかし，場合によっては現実の両親とかけ離れているということもある。

III　知能，特に言語の発達

先の「児童期に身に付けなければならないこと」に戻る。まず，知能，言語の発達について述べる。

自分の「考えていること」を，周りの人にわかるように表現できる必要がある。いつも積極的に発言できるということではなく，困ったときなど周りの人に自分の困っていることを伝え，不充分ながらも表現できればよい。困ったときだけでなく，遊んでいるときでも，周りの子どもや大人に対して，言葉を理解して行動し，言葉で自分のことを伝達できる程度であればよい。

抽象的なこと，特に自分の「感情」を的確に言語表現できるようになるには，かなりの発達が必要なように思われる。臨床場面から経験されるのは，健常の中学生や高校生でさえ，例えば「憂うつ」という言語表現を習って知っていても，自分自身の「抑うつ気分」や「憂うつ」という感情と，「憂うつ」という言葉が結び付いていない。どちらかと言えば，「抑うつ気分」や「憂うつ」という感情を表現するのに，「しんどい」とか「イヤ」，（かまうと）「うるさい」ですませてしまうように思われる。

ましてや児童期の子どもは，感情を的確な言葉で表現することもできないし，また彼らに言葉で理解させることも，おそらく発達的に無理だろう。「憂うつなのか」と尋ねても，せいぜい「よくわからない。しん

どい」と言うのが関の山だろう。それでも言語で伝達できるということが重要である。場合によっては行動異常という形でしか，感情の変調を表現できないこともある。

IV 身体的能力の発達

身体的能力，特に身体を統御する能力，身体イメージが，児童期にある程度確立していなければならない。身体は思春期に急激に大きくなる。それまでの身体に対する身体イメージがしっかりしていないと，身体イメージが揺さぶられることに耐えられなくなってしまう。第2章で述べたように，身体イメージの動揺は，自我の動揺を招くだろう。

V 他人と共感する能力の発達

他人と共感する能力は，友人たちと自分の悩みを共有して解決してゆくのに是非必要だろう。ここでの共感能力は，後で述べるように，「青年期」で確立するようなタイプの「真に他人の立場で物事を見る」という段階に達していなくてもよいと考えられる。

青年期には，「他人に愛されたい」，「他人に愛されるには，他人のために自分はどうすればよいか」，「他人から見れば，自分はどのように見えるか」，「自分はよいと思っているが，他人から見ればよくないのではないか」などというテーマに切実に悩まされる。児童期に確立する必要のある「共感能力」は，それを可能にする条件のような「他人の立場で物事を見る」，「他人が考えることを推測できる」というような視点を変換する能力，パースペクティブ変換能力と考えられる。

ケース9　「心の理論」について

相手の立場で物事を見る能力，相手の視点に変換する能力，相手の考え

ていることを推論できる能力，相手の考えを推論できるプログラムないし理論，心の理論，これらのことは同じことを指していると考えられる。この能力は，発達心理学やすぐ後で述べるように自閉症理論では，「心の理論」（theory of mind）という用語で扱われている。

　従来，「共感」と言われていることと本質的には変わらない。しかし，実験的に明らかにするということのために，「感情」という曖昧な部分は取り扱わず，「考え」という部分だけを扱う。それでこのような用語を使った。

　この用語を最初に使用したのはプレマック Premack, D. とウッドラフ Woodruff, G. と言われている（1978）[38]。彼らは1頭のチンパンジーを用いて実験を行った。ある状況に置かれた人間の行動を見て，そのチンパンジーがその人間の考えを推測できるかどうか調べた。

　チンパンジーにビデオを見せる。例えば，そこでは，ある人が檻に入っている。扉を開けようとするのだが，扉が開かないので困っている。その最後の静止画像を見せながら，同時にその課題を解決するための道具の写真を2枚，目の前に置いて見せる。チンパンジーがどちらの写真を選ぶかを調べる。すると，チンパンジーは「鍵」を選んだ。

　あるいは，天井にバナナがあるが手が届かず困っているビデオを見せる。最後の静止画像を見せたら，チンパンジーは2枚の道具の写真のうち，「踏み台」を選んだ。

　したがって彼らの予想したとおり，チンパンジーはある状況下での人間の行動を見て，その状況で人間が考えるであろう思考内容と密接に関連する道具の写真を実験者に選んで見せた。しかも，このチンパンジーはこのような課題の訓練を受けていなかった。

　この結果から，プレマックらは，チンパンジーが直接観察できない人間の心の内容を推測できたから，チンパンジーは「心の状態を読み取る」というある種の「推論形式」を持っていると結論した。

　チンパンジーは，チンパンジー以外の動物（ヒト）の行動を予測するた

めに,「心の状態を読み取る」という推論形式を当てはめたのだから,理論的行為である。したがって,この推論形式は一種の「理論」と言えると,彼らは言う。

しかも,チンパンジーはこれまでに,映像内の人物の問題解決を推測するという課題の訓練を受けていなかった。「心の状態を読み取る」という推論形式は,訓練により経験的に得られたものではない。したがって,チンパンジーの示した推測する能力は生得的なものと考えられると,プレマックらは言う。

そこで,チンパンジーは「心の状態を読み取る」という生得的な推論形式を持っていると,プレマックらは仮定し,その能力を「心の理論」(theory of mind)と呼んだ。

ケース10　子どもは「パースペクティブ変換能力」,「心の理論」をいつごろ使えるようになるか

「心の理論」が生得的なものか,経験によるものかを決定するのは難しいところだが,ウィマー Wimmer, H. とパーナー Perner, J. は,子どもが何歳ごろに「心の理論」を使えるようになるかを実験により調べた (1983)[45]。

ウィマーらは,「心の理論」があるかどうかを調べる方法について考えた。そして,「他人を欺く行為が理解できるかどうか」を調べると,「心の理論」が使えているかどうかがわかるという。人を欺くためには,欺かれる人が誤った考えを持つだろうということを予想する必要がある。相手の人の誤った考えを予想し,理解しているのであれば,それはとりもなおさず,相手の人の心の状態を理解していることになる。

ウィマーらは,他人の誤った考え,誤信念(false belief)を子どもが何歳ごろから理解できるかを調べた。ウィマーらは次のような方法を用いた。

実験者が人形を使って，被験者である子どもの前で簡単な劇を見せる。母親人形に手伝ってもらって，子ども人形がチョコレートを戸棚のある場所にしまう。それから，子ども人形が外へ遊びに行く。子ども人形がいない間に，母親人形はチョコレートを料理に使い，残りのチョコレートを別の場所にしまう。子ども人形が帰ってくる。そこで，実験者は被験者の子どもに尋ねる。「この子どもはチョコレートがどこにあると思っていますか」と。

この課題では，子ども人形の誤った考え，誤信念，つまり「子ども人形は『チョコレートが移動される前の場所にある』と考えている」ことを，被験者の子どもが指摘できるかどうかを調べている。

彼らの実験結果では，3～4歳以前の被験者は，誤信念を理解しておらず，4～6歳の子どもでは，約半数の子どもが理解していた。そして6～9歳の被験者のほとんどが，人形が持っていると想定できる誤信念を指摘できた。そこで，ウィマーらは4～6歳の間に子どもは「心の理論」の能力を身に付けるようになると主張した。

ケース11　自閉症児における「心の理論」発達障碍説

バロン－コーエン Baron-Cohen, S. らは，自閉症児に「ごっこ」遊びが見られないことに注目し，それと対人関係障碍との関連を検討して，自閉症では自分自身や他人の心の状態を想定する能力がないという仮説を立てた (1985)[1]。そして，自閉症では「心の理論」の発達が障碍されていると主張した。

彼らはウィマーとパーナーの誤信念課題を少し簡単にした人形の劇を用いて，自閉症児の「心の理論」がどのようなものかを調べた。

登場するのは，サリーとアンという人形である。サリー人形が部屋に入ってきて，自分の宝物であるビー玉をバスケットのなかに入れる。そして，部屋から出て行く。それを見ていたアン人形は，そのビー玉を箱のな

かに入れてしまう。そして，アン人形は部屋から去る。再びサリー人形が部屋に入って来る。サリー人形を前にして，実験者は被験者である子どもに，「サリー人形はビー玉を見つけるためにどこを探しますか」と尋ねる。

　バロン－コーエンらは，自閉症児とダウン症児と正常児を比較した。自閉症児では他の群に比べて精神年齢がやや高かった。その結果，ダウン症児や正常児のほとんどは，サリー人形が自ら隠したバスケットを指示した。それに対し，自閉症児の被験者の80％は，サリー人形が自ら隠したバスケットを示さないで，アン人形が隠し替えた箱を示した。正答は，サリーが自分で隠したほうのバスケットを示すことだが，このテストは「サリーとアンの課題」と言われている。以後，この方法が自閉症の「心の理論」についての研究でしばしば使用される基本的な技法となる。

　思春期の本能的エネルギーが押し寄せてきても，知能，特に言語の発達，身体的能力の発達，他人と共感する能力の発達，これらがそれなりに発達していることで，適切に対処できるようになる。これらの発達が遅れていると，思春期の衝動増大を，単に性的緊張，攻撃的緊張の高まりとだけ感じることになるだろう。これらがある程度発達していると，その衝動をプラスの方向に向けることができる。

　単なる衝動を，破壊的でない表現衝動へと転化できるようになる。言語表現や遊びを通じての表現をしたり，スポーツなどの身体的表現の原動力ともなる。また，いろいろな表現を通じて他人と交流したりできるようになる。これらの表現は，自我の発達を促すことになる。そして，社会へと広がった行動に展開させることになる。

第7章

前青年期 Preadolescence

I 思春期の本能衝動

　前青年期はだいたい 10 〜 11 歳，日本の学校制度では，小学校高学年から中学校初めころまでくらいと考えられる。
　思春期の本能衝動が，量的に増大してくる時期に相当する。児童期にはたいていの場合，衝動のコントロールや家族との対人関係，そして家族以外，ほとんどは学校の仲間や課外活動の仲間との対人関係もそれほど問題なくいっていただろう。それがだんだんと難しくなってくる。児童期にすでに，家庭内外の対人関係にかなりの困難があるときには，なおいっそう難しくなるだろう。後で述べるような情緒障碍を伴った青年期の発達を考慮に入れなければいけないかもしれない。

II 反　抗

　通常，この時期の少年，少女は，周りから見ると，かなり頑なで反抗的になってくる。「反抗的」というレッテル付けは，あくまで周囲がするのであって，本人たちはたいていそうは思っていない。こころのエネ

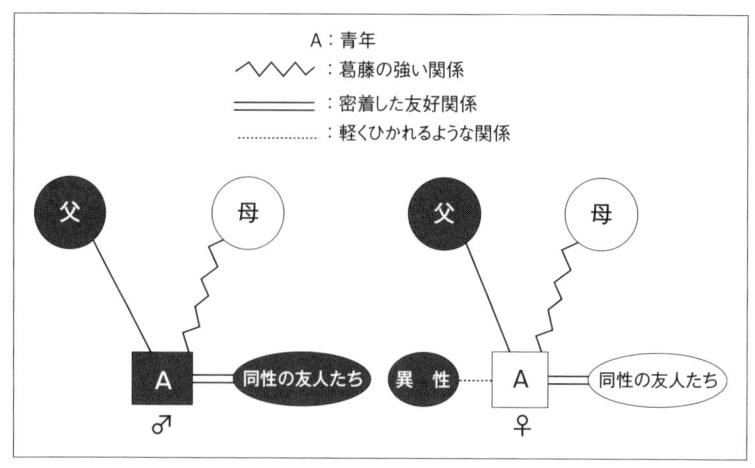

```
A       ：青年
〰〰〰   ：葛藤の強い関係
══════  ：密着した友好関係
········ ：軽くひかれるような関係
```

図7.1　対人関係の変化：前青年期 Preadolescence[46]

ルギーという観点からは，「反抗」も必然的な，ある意味で好ましい発達と考えられる．

「反抗」ということは，「反抗するもの」と「反抗されるもの」との両方がある状態と言える．「反抗されるもの」は，反抗を不本意と思っている．「反抗するもの」は，反抗を反抗とは思っていない．「反抗される側」が反抗と言っているのは，「反抗する側」の言い分では，「自立，独立」のことでしかない．

国が独立するときと同じである．分離独立していく側は，「分離，自主，独立」と言う．元々の支配している側は，「反逆，反乱」と言う．支配している国は，「自分でやっていく力がない．独立国としてやっていく力がない．われわれが支配しているほうが安全だ，豊かだ」と言って，独立を邪魔する．

国が独立するのとここで言う少年，少女の独立の違いは，少年，少女の独立は通常，支配している側も，やがて少年，少女が独立していくことを望んでいることである．したがって「反抗」は，「独立」の別の面と考えられる．彼らは，やがて真剣な課題となる「独立」へ向かって準

備している。

　特に親や親代理が，児童期でのように，あれこれと保護的にかまうのは，「自分でやっていく」という「独立」への妨害でしかない。かまう側からすれば，「ちゃんとできていないし，いい加減だし，見ていられない」ということになるだろう。少年，少女たちも，自分でできないときには，援助を当然のように求め，甘えたり，依存的になったりする。かまう側からすれば，「勝手」なことこの上ない。「独立」という課題に取り組もうとしている表れだと，長い目で見ていくのが大切かと思われる。

　この時期の少年，少女は先にも述べたように，言語表現が成熟していないから，自分が何を望んでいるのかうまく伝えられない。もし言語的に的確に表現できれば，例えば「僕は今，独立という課題に取り組もうと考えています。そうしなければならないと思います。まだそのとっかかりで，不充分ですが，初期の練習段階だと思って，多少危険かもしれませんが，眺めていてください。危険だからといってすぐに手を出さないでください。そういう手出しは，練習になりませんから。必要と思ったら，援助をこちらから求めます。勝手かもしれませんが，そのときには援助を即座によろしくお願いします。それまで見ていてください」などと言うかもしれない。こんなふうに言う代わりに，たいていは「うるさい」，「放っておいて」と言うか，無視する。

III　ギャングエージ

　依存していた親ないし親代理から分離しようとすると，当初，彼らは不安で仕方ない。このような不安を解消し，支えるのが，友人である。
　このころになると，友人付き合いも男女に別れて集団化し始める。いわゆるギャングエージ，徒党時代に入る。
　少年では，男同士で，塀によじ登ったり，自転車で走り回ったり，わ

ざと危険なことをしたり，あるいは，肩を組んで一緒に歩いたりする。

また，不潔な冗談，ことに排出に関したことを言ったりすることも多い。

直接的に本能を満足させることができないので，別な形で解決したりする。例えば，仲間の賞賛や信望を得るために，専門的なことに興味を持ったり，熟練を要することに熱心になったり，いろんなものを蒐集したりする。

ケース 12　『スタンド・バイ・ミー』

この時期の少年の友情を表した映画に，ロブ・ライナー監督の『スタンド・バイ・ミー』がある。ミステリーで有名な米国のスティーブン・キング原作の少年たちのドラマである。

1959年夏，オレゴンの小さな町に，文学少年ゴーディ，ガキ大将のクリス，無鉄砲なテディ，ふとっちょのターン，という仲良しの12歳の4人がいた。彼らは社会や自分の親にさえ存在を認めてもらえない。家庭や将来について多くの悩みを持っていた。

ある日，行方不明と報道されている少年が列車にはねられ野ざらしになっているという情報を，ターンは兄と不良仲間が話しているのを盗み聞きした。死体を発見すれば有名になって認めてもらえると，4人は目を輝かせ，20マイルの未知の旅に出かける。

小さな町しか知らない4人にとってそれは大冒険だった。次々と危険な目に遭いながら野宿もし，2日目，ついに彼らは死体を発見した。だがそこへ突然，同じ目的でやってきた不良グループが襲う。少年たちは敢然と反撃し気迫で彼らを撃退する。少年たちは結局は匿名で，死体のことを警察に電話する。4人は町に戻るが，町もそして彼らも2日前とはどこか違っていた。

親にさえ冷たくされても，自分の存在を認め受け入れてくれる友人さえいれば，どんなにつらくても，生きてみようかと思える。

分離独立のターゲットとしてもっとも重要なのは，通常はそれまで依存していた母親だろう。したがって母親との関係が，だんだんと葛藤を帯びたものとなってくる。母親が接近してくるだけで，自分がなくなるような不安を体験する。独立を危うくされる不安，自分という自立したものができかかっているのに，それを無に帰されるような不安だろう。

少女では，通常，室内で時間を費やすことが多くなる。児童期では，お互いに秘密を持つこと自体が嬉しいことであったが，この時期では，性的な性質を帯びた秘密が共謀という形で持たれるようになる。

また，少女が男性性を発揮させ，いわゆるお転婆(てんば)娘になるのもこの時期である。

ケース13　少女たちが部屋にこもる

私の妹が小学6年生の頃，幼稚園時代からの友人とよく部屋にこもっていた。お菓子と飲み物を持って，「絶対に部屋に入らないで」と皆に言い残して，2人で何時間もこもっていた。何をしていたのかわからない。部屋にテレビもない。話をしていたのだろう。そのうち部屋から出て，屋上で2人，近所の目もはばからず，当時はやっていたピンク・レディーの歌を大声で歌っていた。カラオケもない時代だった。

IV　肛門期への退行

この時期には，お尻や排出に関した冗談が，性に関したものよりも好まれる。これは，両親や親代理から離れるということから生じる心理的不安定のため，以前の心理的態勢に若干，戻って退行するためと考えられる。

ケース14　「排出」に関する話題

少年でも「排出」に関した話題が好まれるが，少女でも「排出」とか

「お尻」に関する話題が,「性」に直接関係したものより好まれるようだ。

私が小学校5年頃,辞書で「尻」とか「うんこ」,「おけつ」,「おなら」とかを引くのが,クラスではやった。何度も同じ言葉を引く。それぞれが持っている辞書で引く。載っているかいないかで,いちいち笑う。辞書の説明を読み上げて,また笑う。一番受けたのは,大阪弁で尻のことを「おいど」と言うが,それがある辞書に載っていたときだった。

ケース15　口唇期への退行

退行が肛門期だけでなく,その前の段階である口唇期にまで至ることもある。

私が小学4年生ころ,学校の授業中に,知らず知らず鉛筆を噛んでいたことがある。木の感触がよかった。木がやや柔らかく,噛んだときに,のめり込む感じがよかった。ほとんど気づかないうちにやっていた。いらいらしているときが多かったように思う。

いらいらが激しいときには,鉛筆の木を噛みつぶしていた。めったにないが,たまに鉛筆の芯まで噛んでしまい,口のなかが黒くなってしまったこともある。

自分だけかと思っていたが,同じことをする男子は他にもクラスにいた。いつか忘れたが,そのうちしなくなり,この癖は治った。

V　独立に伴う不安

独立は,不安を伴う。これからどうやっていっていいかわからない。少年においてときに生じる心理的不安がある。この時期,少年は一方で男性性の獲得,つまり男らしくなるという課題へと向かわなければならない。ここで父親になりかわって母親を奪おうという欲求を遂行しようとすると,まだ充分に男性性を獲得していない少年は二重の危険に陥ることになる。

1つ目の危険は，父親による脅し，いわゆる去勢不安である。もう1つは，母親に接近すると，自分の男性性が未熟で母親の女性性に対抗しうるだけの力が備わっていないため，逆に女に染まってしまうという危険である。女性化してしまう。つまり，去勢されてしまうという不安である。母親に接近したいけれども，接近できないという葛藤となる。これは早期の母子関係に問題のあるときに顕著になるようだ。少年の心的世界では，太古的母親，あるいは男根的母親 phallic mother に対する去勢不安として現れる。

　無意識のなか，夢のなかに，現実の母親ではなく，根源的な母親イメージ，ときにはペニスを持った母親というイメージが現れる。そしてこの母親は自分のペニスを取りに来る，切断しに来る。あるいは，大きな母親イメージに呑み込まれて，自分がなくなってしまう，死んでしまうような不安のこともある。この不安は，男同士の集団のなかで中和されていく。

VI　太古的母親

　太古的母親についてもう少し詳しく述べる。
　通常，男子において，去勢不安は父親との関係で起こる。父親が，母親を得ようとして対抗してくる男子を抑え込むときに，男子の側は去勢不安を感じる。これは，父親，母親，男子との三者関係のなかで生じる去勢不安である。この三者関係は，通常，性器期（エディプス期）以降に成立する。
　例えば，後のケース 25（p.56）では，中学生のとき，男らしくなろうとして空手を習いたいと父親に言うと，勉強しろと頭ごなしに叱られた。このことは，男らしくなることを拒絶されるのに相当している。したがって，この父親からの脅しは通常の去勢不安に属する。
　太古的母親による去勢不安は，母親からの去勢不安，それも性器期

（エディプス期）以前の段階に由来するものを指す。乳幼児期に相当する前性器期 pregenital（preoedipal）stage においては，二者関係，母親と男児の関係しかない。この前性器期の母子関係において何らかの解決できていない心理的問題があるとき，やや退行的となる前青年期にその問題が再燃する。

その再燃した古い母親の内的イメージが，前エディプス的母親 preoedipal mother，去勢する母親 castrating mother，男根的母親 phallic mother，あるいは歯の生えた膣 dental vagina（vagina dentata），呑み込まれる不安となって現れる。再燃したこのような前エディプス的母親を，ブロス Blos, P. は太古的母親とも言っている（1962）[3]。

ケース16　歯の生えた膣

保健室登校をしている不登校気味の男子中学2年生のバウム・テストを保健室の養護教諭が相談を兼ねて持ってきた。

バウム・テストというのは，描画による心理テストで，A4 の画用紙に濃い目の鉛筆で「実のなる木を描いてください」という指示を与えて描かせる。その描画から心理状態を探る。非常に簡単だが，心理の深いところがかなりわかる。

見せてもらった絵は，A4 画用紙が横に使われ，大きなバラの花か，開ききったキャベツのようなものが，真上から見た形で描かれている。十重くらいに描かれた花弁の外から3段目くらいのところに，サメの歯のような歯が一列に描き込まれている。この絵について，本人は歯列の外側にある花弁を指して「僕はこの周りに住んでいる」と言ったという。

心理学に興味を持つその養護教諭に，歯の生えた膣の意味と母子関係の問題を説明した。すると，彼女は同僚の教師から次のような情報を聞いているという。同僚の教師はその男子中学生の近所に住んでいて，その辺りでは母親の躾が，特にその男子中学生に対して「厳しい」と評判らしい。

幼少時からの厳しい躾が心的外傷となっていて，青年期になってから前

エディプス的母親として再燃したのかもしれない。

似た概念にユング派の「グレート・マザー」がある（Neumann, 1963）[36]。これは人類の無意識の底にある元型の1つで，しばしばグレート・マザーに呑み込まれるという主題も論議される。

しかし，ブロスはフロイト派なので，ユング派の概念を顧慮して述べているのではない。ブロスは，個人における無意識を問題にしていて，性器期（エディプス期）以前の母子関係に大きな問題があったときのもの，しばしば母親の子どもに対する過剰な攻撃性のため性器期（エディプス期）以前に心的外傷があるときのものを言っている。したがってこのような青年期男子では，通常の父親からの去勢不安と，再燃した前エディプス期の攻撃的母親による去勢不安と，両方の去勢不安を経験することになる。

臨床的に言って，通常の父親からの去勢不安より，前エディプス期の攻撃的母親による去勢不安のほうが，病理的問題をもたらす。母親による攻撃が青年期に至っても続いているか影を潜めているかによって，違いも生じる。

ユング派の場合，個人的な無意識ではなく，人類の集合的無意識にある普遍的な元型を指していて，文脈を異にしている。だが，青年期においては似かよった記述のされ方となっている。同じ現象を違う概念装置から論じているとも言える。

少女において，前エディプス期の母子関係のなかで充分に解決できていない心理的問題があるとき，前青年期の少女は，去勢不安ではなく，呑み込まれる不安を感じるように思われる。

ケース17　被毒妄想で食事を拒否した少年

小学6年生の男子が，食事をまったくしないということで入院した。なぜ食事をしないかというと，母親の作った食事に毒が入っていると言う。

それを食べると死ぬと言う。入院して少しずつ落ち着いて，皆と同じ病院食は食べるようになった。

　このような母親に対する被毒妄想は滅多になく，それなりの精神的な病気とそれまでの母親との関係の下でしか生じないが，それでもこの時期のある種の葛藤を表しているように思われる。

　前青年期では少年の場合，通常，多かれ少なかれ，積極的あるいは消極的反抗が起こる。少女の場合，反抗がそれほど目立たないこともある。

　ケースによっては，親，特に母親との関係が非常に葛藤的となることがある。退行的に母親に引き戻されるのを防衛するために，母親に対する極端な反抗が起こったり，少女では異性愛に向かったりする。行き過ぎると，性的非行となることもある。

　これは後で述べる情緒障碍を伴った青年期の一型でもある。母子関係の問題から，母親に依存したい，甘えたいのにも関わらず，依存したり甘えたりすると，太古的母親に呑み込まれてしまうような不安を感じてしまい，反対に強烈な反抗に及ぶ。

　この種の情緒的問題によって，少年では異性に向かうということはほとんどない。少年が女性に近づくと，女々しくなるという不安がもたげてきて，男性性の確立が危うくなる。

　が，少女では男性に近づいて，仮に男性化してもお転婆になるというだけで，それほど不安がない。このような違いは，おそらくは去勢不安と関係しているのだろう。少年が女々しくなるのはペニスを失うことになる。少女が男性化するのは，逆にペニスが強化される，あるいは付加されることになるので，不安を催さないのだろう。

　少女が短絡的に男性に近づくことで，太古的母親に呑み込まれる不安を防衛することができる。これは母親と反対側に引っ張ってもらって，不安を回避しているのであって，本来の発達ではない。そして性的非行につながる可能性が大きい。

第 8 章

青年期前期 *Early Adolescence*

I 前青年期から青年期前期への移行

前青年期がいつごろ青年期前期に移行するかは，個人差があるのは当然だろう。しかし目安として，12歳くらいを考えると妥当と思われる。そして「青年期前期」は，12〜14歳くらいで，日本の学校制度からはわかりやすく，ほぼ中学生に相当している。

ケース18　「キン肉マン消しゴム」の蒐集

前青年期に相当する小学校5・6年生のことを話していると，ある男子学生が，こんなことを言った。

自分がそのころ一番夢中になっていたのは，同級生の間ではやっていた漫画のキャラクターをかたどった「キン肉マン消しゴム」の蒐集であったという。学校にいても，学校が終わっても，そのことばかりに熱中していた。相当なコレクションになった。弟も動員して集めた。

ところが中学に入るころになったら，それが全然面白くなくなった。興味が完全に失せてしまったのである。そしてすべて弟にやったという。なぜあんなに夢中になっていたのか，いまではわからないと言う。

自分自身の経験や青年たちを見ていると，前青年期，小学校高学年の少年たち，あるいは子どもたちは，ある意味で軽く肛門期に「退行」しているのではないかと思われる。先の青年期になると第二次性徴も手伝って，性器的な衝動でもって，目標がはっきりしてくるのに対し，前青年期には何か漠然としたエネルギーが発散できないでうっ屈する。ターゲットのない状態なので，そのエネルギーがこもり，退行を助長するのではないかとさえ考えてしまう。

　前章でも触れたように，前青年期には，「排出」に関する話題が好まれる。「尻」，「うんこ」などが，直接的な「性」に関する話題より好まれる。また，大人から見ると，あるいは中学・高校生から見ると，非常に奇妙なものを集めて競い合う。コレクション，典型的にはお金を貯めることも肛門期的な特徴と言われる。この「キン肉マン消しゴム」の収集もそのことを表しているのだろう。

　中学1年生ごろになると，それが次の青年期前期に移行する。するとあれほど苦労したコレクションも色あせてしまう。

ケース19　入学時のクラス写真

　私はある中学校のスクールカウンセリングを長い間やっていた。担任や生徒指導教諭からの相談の際に，どんな生徒かイメージを得るために，クラス写真をいつも見せてもらった。春の校門のところの松の木の下で写真を撮ることを常としていた。中学1年生の写真でいつも思ったことがある。特に男子生徒でそれは顕著だった。前列の生徒たちの雰囲気は小学生のままで，後列の生徒たちはほとんど大人の雰囲気を持っているということだった。先生方に生徒たちの普段の言動をうかがうと，やはり前列の生徒たちは，クラスでの言動も遊びも小学生と同じで，子どもっぽく，がさがさして落ち着きがないと言う。後列の生徒たちはやはり中学生のそれで，少し落ち着いていると言う。また，前列の生徒と後列の生徒とは友人になっていないという。話題や興味の対象が違うのだろう。すぐに外見も

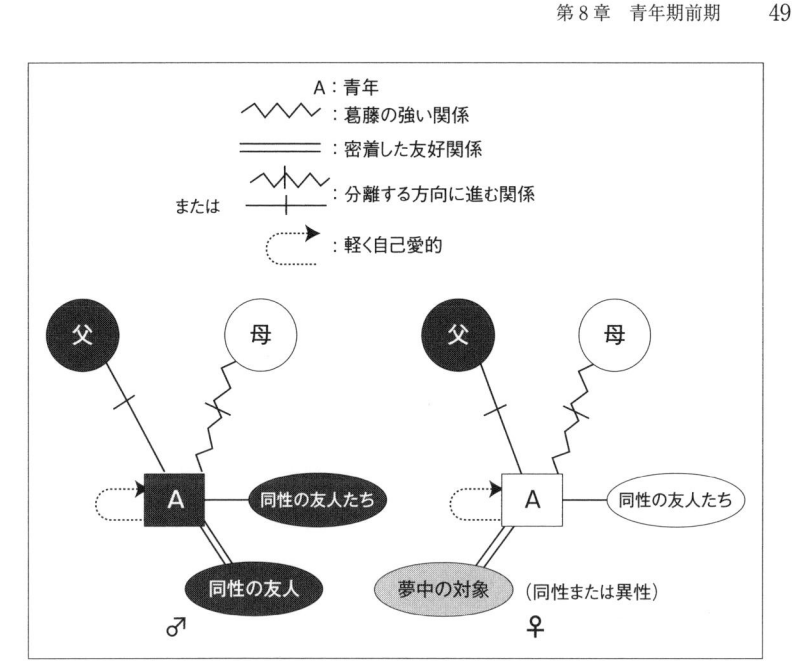

図 8.1　対人関係の変化：青年期前期 Early Adolescence[46]

言動も前列の生徒は後列の生徒のようになる。

　なお付け加えると，一般的に言って，後列の生徒より前列の生徒のほうが，心理テスト上，不安定な傾向があった。小学生に対して同様のテストを行っていないので，正確なことは言えないが，おそらく前青年期のほうが，青年期前期よりも心理的に不安定なのだろう。

　このことについては，第3章のケース5（p.15）でも述べた。

II　身体の変化の受け入れ

　「青年期前期」は，家族以外の対象に関心を向け，両親の絆から分離し始める時期である。図8.1で示したように，親から分離を始める。「反抗」が本格的になってくる。前章でも述べたように，反抗は「独立」の現れであるから，本来は望ましいことになる。いつまでも親に依

存していたのでは困るのだから，実際はそんな生易しいものではないのだが，ある意味で親は「反抗」を喜ばなければならないとも言える。

また，前青年期の衝動の増大が単なる量的なものであったのに対し，この時期には，衝動が新しい性質へと変化する。そして，自分の身体の変化に対決を迫られてくる。すなわち，少年では，ペニスの興奮，射精を初めて経験する。陰毛，ひげなども生えてくる。少女では，初経を迎え乳房のふくらみ，腋毛，陰毛，身体の丸みも目立ってくる。身体の変化の受け入れは，少女のほうが難しいように思われる。

ケース20　拒食症（神経性食思不振症）

中学2年生のH（女子）は，標準体重をはるかに割り，ガリガリになって入院した。

小学6年生以来あった月経も止まった。少ししか食べず，体重が増えることを恐れた。骸骨のような自分の風貌を苦にするでもなかった。成績はよく，クラスの副委員長をしていた。本人曰く，食べられないと言う。家族内の対人関係の問題もあるとも思われたが，それよりも長期入院によって，級友から，学業のみならず人間関係も含めて遅れることが二次的に悪化させるという考えから，早期に退院させた。

少し体重が戻ったところで，復学させ，「とにかく，遊べ」と言った。遊ぶことによって，たいていの中学生が体験するリラックスした人間関係を獲得させるようにした。両親にもこのことの趣旨を説明し，邪魔をしないようにさせた。

しばらくして過食状態に移行し，肥満になった。拒食から治る過程で「過食」に入るのは当然だと説明し，そのコントロールを課題とした。

友人たちとお菓子を買って，部屋にこもって話をして食べ続けたりした。他の友人も同じように食べて太ることを気にしていることがわかった。

また，休日には友人たちと繁華街でいろいろと遊び続けた。ありがたいことに，友人たちにも本人にも非行は全然なかった。たいていの中学生が

休日を過ごすやり方だった。

　やがてHは,「遊ぶ時間がもったいない」と通院しなくなった。母親に「それは結構なことだ」と説明し,母親から状況を聞くだけになり,そのうちにそれも打ち切った。

　拒食症,正確には「神経性食思不振症」あるいは「思春期やせ症」は,女性的身体の受け入れの問題だけではない。しかし,その問題が前面に出て,そのことを訴え続けるのは確かである。さまざまな見解があるが,私は家族内を含めた対人関係の発達の問題と考えている。それを詮索して是正するというのが趣旨からいって本来の方法ではあろうが,それには時間がかかるし,その時間のためにさらに本人の発達がとどめおかれる。また,家族構成員の納得がきわめて得られにくい。「うちの家族には何の問題もない」と言う。あるいは「何が問題なのでしょうか」と聞かれて,こちらが考えられる問題点を指摘し,それを家族が努力しても修正することがきわめて難しいことがしばしばである。何十年かかって形成されたものが,他人のアドバイスですぐに方向転換できるわけがない。それよりも友人たちの力を借りたほうが手っ取り早いと思われる。家族には友人関係を邪魔しないように厳重に言う。

　「神経性食思不振症」については,第2章のケース4(p.8)でも述べた。

III　親　友

　青年期前期には,同性の仲間たちと親密な友情を交わすようになる。前青年期のギャングエージの友人たちとは異なって,親友,本当の友人を求める。

　さらには友情を通り越して,しばしば同性への愛情に近いものにまでになる。この親友を通じて,自分を客観視する能力が発達する。他人か

ら見て，自分がどのように見えるかを推し量る能力は，社会性の発達という観点から，必須のものだろう。

これは具体的にはこの時期の親友との関係を通じて，親友から見て自分がどう見えるかという試行錯誤から，獲得される。それまではやはり自分中心の「天動説」的な世界に住んでいたのに，自分がこの世界の中心ではなく，多くの人々のなかの1人に過ぎないということがわかるようになる。「地動説」的な世界観に変わる。青年期前期あるいは中期に，この発達課題を獲得しないと，後に支障を来すように思われる。

また，それまでパーソナリティ形成の中心的な部分は，ほとんど家庭内，特に親の影響によるものになっている。ところが，この時期の親友は，家庭内で得られないものを補償することができる。友人を理想化し，同一化することで，自分のパーソナリティのなかに取り入れることができる。

ケース21　親友

小学校5・6年のとき，私はほとんど毎日，I君という友人と遊んでいた。中学に入るとクラスが替って，それほど遊ばなくなった。特に仲違いしたわけではない。彼が運動クラブで忙しくなったことも関係している。

すると，以前から塾で知り合っていた，別な小学校から来たJ君と今度はよく遊ぶようになった。J君は社交家で面白いと評判で，ある意味で私と反対の性格だった。

彼は日曜日などにもふらっと来て，近くの商店街を何度も往復しながら，何時間も話した。あるいは，近くの公園のブランコなどに乗りながら，夜遅くまで話していた。何を話していたのか，今となってはさっぱり記憶がない。そんな付き合い方が中学校時代を通じて続いた。

今でもよく覚えているのだが，J君は社交的で，他にも数人の親しい友人を持っていた。その友人の話題が出ると，何かヤキモチに近いものを感じた。どっちのほうが友人として優位にあるかなどと，不安のような競争

心のようなものを感じた。

　別な高校に入って，それぞれその高校で友人ができたが，ときどき思い出したかのように，行ったり来たりして，やはり何か話していた。今もずいぶんと疎らになったが，付き合いは続いている。

　青年期前期の「親友」は，社会性を育てるに当たって非常に重要であると言われている。第6章で述べたように，児童期には「他人と共感する能力」が発達しなければならない。しかし，青年期前期あるいは中期において，もっとこの能力は進展しなければならない。児童期には他人の立場に立って考えることはできるようになるが，真の意味で他人から見て自分がどのように見えるかなどと悩むことはあまりない。友人から見て自分は「いい友人」か，「価値ある友人」か，「かっこいい友人」か，「つまらない奴」ではないか，「嫌われている」のではないか，そんなことなどが気になるようになる。悩むようになる。もっと言えば，そのような視点に立って考えることができるようになる。

　当然のことながら，他人の考えていることを本当に知ることはできない。成人になっても，このことは変わらない。成人でもいろいろな場面で，人から見て変に思われたのではないか，恥をかいたのではないか，笑われているのではないかなどと悩むことはある。しかし，青年期におけるほど，堂々巡りの悩みにはならず，適当なところで，自分で切りを付けるようになる。付けられるようになる。それが，この発達課題をクリアしたということの証であろう。

ケース22　「自分の言ったことで，みんな怒っているのではないか」

　ある中学生の統合失調症の患者（女子）は，「今日クラスで，私の言ったことで，クラスメートを傷つけたのではないか」と，夜になると必ず心配になった。

　自分としては，傷つけるつもりではないのに，クラスメートにとって

は，腹の立つことを自分が言ったのではないかと，気になって仕方ない。診察中に，私にその発言と状況を説明して，どうかと聞く。問題ないということの保証を求める。次から次へと，これはどうか，これはどうかと聞く。

　診察がない日には，夜に何人ものクラスメートに電話をかけて確認しないと，不安でじっとしておられない。電話をかけると余計に変に思われると説得しても，不安に負けて電話してしまう。

　こんな不安は青年期においては誰しも経験することだが，彼女の場合，度が過ぎていた。次の日に学校でいつものようにクラスメートが挨拶してくれるということで，「何でもなかった」と，納得するのが普通だろう。それまで待てないし，自分の不安が，「取り越し苦労」であったということを学習しても，次に生かせない。不安に負けてしまう。

Ⅳ　マスターベーション

　第二次性徴によって起こる性的変化は，青年に不安を引き起こす。同性の仲間は，性的変化が引き起こす不安を癒す役割をも果たす。自慰行為，マスターベーションも，自然にか，あるいは仲間から教わる。

ケース23　マスターベーション

　ある大学生の不潔恐怖の男子患者は，次のような方法でずっとマスターベーションしていると言った。

　替えたばかりのシーツに裸になって，うつ伏せになって身体を動かすことによって，ペニスをシーツでこする。だいぶかかって興奮してきて，シーツに射精するという。手間がかかるように思ったし，母親のシーツの手入れが大変だと思ったので，手でするのが普通だろうと勧めた。しかし，その方法でやってみたけれど，興奮しないのでだめだとのことだった。

マスターベーションが表立って問題となるのは，ほとんど男子の場合であろう。私は男子の中学・高校生の診察で，尋ねること自体で精神的混乱が予期される場合を除いて，マスターベーションについて聞くことにしている。聞くこと自体で，ある種の不安，葛藤が軽減される可能性がある。

　また，正しいマスターベーションの仕方があるかどうかについては，何とも言えないが，手でペニスをこするのが通常だろう。布団やあるいは床でこするという場合も否定はしない。たいていの場合はとやかく言うこともないとも思われるが，重度の知的障碍のある青年の場合，何度か相談されたが，非常に困ったことに陥ることがある。

ケース24　ポルノグラフィ

　青年期前期以降の男子では，マスターベーションの際の空想を助けるものとして，しばしばそれなりの写真を持っている。

　たいてい判で押したように，ベッドで寝ている場合，ベッドの布団の下に挟んである。最近なら，ビデオとかインターネットによる映像などのこともあるだろう。友人からもらうとか，兄弟のものを盗むとか，河原かどこかで拾うとかする。

　親，特に母親はこれを取り上げたり，指摘したり，ましてや叱責してはいけない。これは性に対する罪悪感を助長し，健全な情緒発達をそぐことになる。いわゆる去勢不安をあおることになる。

　不潔恐怖の患者やその傾向のある不登校の少年に，マスターベーションの際の空想を助ける媒体を聞いてみると，興味深いことがわかった。

　そう単純に言い切れるものではないが，性に対する恐怖感，不潔感，罪悪感を持っている彼らは，また一方で，やむにやまれない性的衝動も持っている。女性との接触に，罪悪感や恐怖感を持っている。しかしマスターベーションの空想対象として女性が必要となる。一番安全なのは，アニメの女主人公ということのようだ。

その次の段階は，清潔そうな女子高生の写真，清潔そうなアイドルの写真ということになる。もちろんヌードではない。そして決して生身の女性にいかない。また，ヘアヌードは彼らの嫌うところのようだ。アダルトビデオもしっかりとモザイクが入っていないと困るらしい。

V　強いものへの憧れ

　価値や道徳という面で，親の権威から独立し，新しいものを求めて模索する。特に少年の場合，強いもの，かっこいいものにあこがれる。男性性の獲得，男らしくなるという発達課題の現れと考えられる。
　そのとき，どうしても，けんかが強いとか，スポーツでよい成績を上げるとか，テレビに出るとか，有名になるとか，あるいは異性にもてるとか，外面的にわかりやすいものになりやすい。昔のように，学業でよい成績を上げるということには，無条件によいという価値が与えられないようだ。
　また発達的に言って，内面的な価値というものにまでは考えが及びにくい。この時期には自己統制が弱いので，冷静に判断できず，その憧れに引っ張られて非行を引き起こしたりもすることもある。

ケース25　「空手」の恨み

　高校1年生のK（男子）は不登校を主訴として受診した。そもそもこんなふうに学校に行けなくなったのは，親のせいだという。
　中学校のとき，肥満気味でひどくいじめられていた。「ブタ，ブタ」と言われてすごく劣等感を持っていた。学用品を隠されたり，ナイフで切られたり，知らないうちに弁当を食べられていたということなど，しょっちゅうだった。一番ひどかったのは，カレーを頭からかけられたことだった。それでも，頭を自分で洗って，家へ帰っても，何も言わなかった。親には言えない雰囲気だったという。

Kの親には私から，こういうこともあったと話した。親のほうは，なぜ言ってくれなかったのかと言う。Kは親には絶対に黙っていてほしいと，私に釘を刺してから，「もう限界だ，親を殴ってしまいそうだ」と訴えた。一旦家庭内暴力となったらエスカレートするだろうと予測され，入院させた。

　こうなった理由を彼なりにこう説明した。自分は中学校でいじめられていた。そこで何とかそれを克服するには，いじめる相手をやっつけるくらい強くなることが必要だと思った。そのために空手を習いに行くべきだという結論に達した。そこで彼は意を決して中学2年のとき，「空手を習いに行かせてくれ」と父親に訴えた。こんなふうに頼むのはめったにないことだし，ずいぶんと悩んだ末，やっとの思いで言った。父親は言下に「何を考えているのだ。勉強しろ」と言った。彼はそれ以上何も言わず，言われた通り勉強に励んだ。自分なりに励んだつもりだったが，いじめのせいもあり，集中できず，希望の高校には入れなかった。

　入院してだいぶ経ったころ，本人の許可を得て，父親に空手のことを尋ねた。父親はその話題に関する記憶さえなかった。その時点になって，父親は「悪いことをした」と私に言った。本人に父親のコメントを伝えても，本人は「もう遅い」と言った。

　全面的にKの言う通りだとは思えないが，もし空手を習いに行っていたのなら，そこでの空手の師範との出会い，強い先輩との交流などが作用して，親とは異なった自分の理想像を目の前にし，彼なりに新しい価値観，男性性を獲得し，不登校や家庭内暴力寸前にまで至らなかったように思われる。

　このケースのテーマは第2章で述べたケース3（p.7）とも共通している。

　青年期前期には，男女とも両性的傾向を示す。しかし，少年では，女性的傾向を恥じるのに対し，少女では，男性的傾向を強調しがちとなる。

ケース26　少女の男性的傾向

　中学1年生のとき，非行傾向があるわけではないが，学校の勉強についていけない感じの女子がクラスに数名いた。そのなかで特に目立つのが，LとMだった。やたらと休憩中はにぎやかで，授業中は先生に当てられてもあまり答えることができず，黙って耐えていた。今となっては，よく我慢していたと思う。

　結構明るく，よい性格だった。ときどき2人は大げんかをした。まるで不良の男子生徒みたいな汚い男言葉を使ってののしりあい，つかみ合いのけんかをしていた。スカートがまくれあがるのも平気だった。明くる日にはけろっとして仲良くしていた。昨日のけんかを恥ずかしがるふうでもなかった。

　そのLとMも中学3年のころには，ずいぶんと女らしくなっていた。

　差別的表現を使って申し訳ないが，この時期の男子生徒に対する最大級の侮辱の言葉は「女々しい」あるいは「お前は，女の腐ったような奴だ」というようなものだろう。別な状況では，「臆病者」あるいは「お前には金玉がないのか」ということになるだろう。

VI　少年の同性愛的傾向

　青年期前期の重要なポイントとなる「友人」は，前青年期における少年たちの冒険の仲間とも違う。青年期前期の少年は，友人の理想を求め，「友情」を形造ろうとする。

　ブロス Blos, P. の言うように，場合により，それはまた性的傾向を帯びて，同性愛的となり，窃視症，露出症，相互のマスターベーションを伴うこともある。

　しかし，やがて理想化された友人は，内に取り入れられてゆくようになる。

ケース 27　ホモごっこ

　ずっと以前に勤めていた病院で，ベテランの女性心理士から次のような話を聞いたことがある。
　あるとき小児科病棟の看護師長が，血相を変えて相談に来た。それは小児科病棟の男子の間で「ホモごっこ」がはやっていて，「どうしたものか」とのことだった。何でも小学校高学年から中学生の間の少年たちが，裸でベッドの布団に潜り込んで，何やらごそごそしているという。
　心理士は「放っておきなさい」と返事をしたらしい。看護師長はあまり納得していないようだったらしい。

ケース 28　相互のマスターベーション

　高校のとき，次のような話を聞いて驚いたことがある。
　友人の友人であるＮ君は，私とも友人とも違う高校に行った。そこで新しい友人ができた。その数人の友人が集まって，昼間，親のいないときに，皆で裸になり，相互に身体や性器を触り合ったりする。そして，精液の飛ばし合いをするのだと言う。話を聞いて，当時の私は「気持ち悪い，変だ」と言った。友人も判断に困っているようだった。
　その後，Ｎ君は健全な普通の成人になっている。この時期の一過性のものだった。多少は逸脱気味だが，サリヴァン Sullivan, H.S.（1953）[43] やブロス（1962）[3] の言うように，正常範囲に入る１つのヴァリエーションと考えたほうがよいだろう。

Ⅶ　少女の「夢中」の対象

　少女では青年期前期の「友人」は，もはや前青年期の女の子たちのように，秘密をささやきあう相手ではない。少年と同じように，通常は親密な「友人」，「親友」を求める。
　しかしブロスは，少女では，少し別の形を取り，「夢中 crush にな

る」という表現が合っていると言う。そして少年とは異なって，理想化され，性愛的となった愛着は，男女の両性に及ぶという。図8.1でも示したように，必ずしも同性である必要はない。ただし，女性との関係でのみ純粋な形で現れる。

ケース29　少女の同性愛的傾向

学生に青年期の同性愛的傾向について話していたら，ある女子学生が次のような話をした。

彼女が小学校6年生のとき，体育か何かの着替えの際に，ある好きな同級生と裸でしばらく抱き合っていた。なぜかとても気持ちがよかったと言う。今となっては理由がよくわからないとも言う。

ケース30　バスケットボール部の顧問

中学のとき，女子生徒たちがバスケットボール部の顧問の若い男の先生のことを好きだと言っているのをよく聞いた。もちろんその生徒たちは，バスケットボール部に属している。中学生ながら，どうも彼女たちが，単なる憧れを通り越して，本当に恋愛感情を持っているのがわかった。

私が好きな女子生徒は彼女たちのなかにはいなかったのに，奇妙なヤキモチを焼いたのを覚えている。「先生は，大人という立場を利用してずるい」とも思った。今になって冷静に考えれば，あまり意味のないヤキモチである。

少女の憧れの対象は，同性の同級生，クラブの先輩などが多いが，少年と違って，必ずしも女性である必要はない。このような対象を同一化し，内に取り入れることができる。少年が女性的傾向を恥じるのに対し，少女が男性的傾向を恥じないのと対応している。

この理由はおそらく，エディプス的状況と関連していると思われる。少年が母親や女性の対象と同一化すると，内面的に去勢されることにな

る。男性性の発達と相対立することになる。

　それに対し少女では，父親や男性の対象と同一化しても，内的に去勢の事実を否認するということになり，それは発達上，この段階では問題とはならない。

　少女の場合，児童期に入る前の性器期（エディプス期）において，とりあえず去勢の事実を認め，母親との同一化を行う。それはそれほど完全である必要はなく，若干の後戻りも構わないのだろう。しかし，やがては母親や女性の対象との同一化を通じて，女性性を獲得していくことになる。

　前青年期では「お転婆娘」だったのが，「浮気女」ふうな装いをとって，女らしく，おとなしくなっていく。

ケース31　最近の週刊誌で読んだこと（性的関係の年齢の下限）

　最近，低俗なほうに属する雑誌で，ある数字を見た。20歳前後の素人女性のヌード姿が，何人かグラビアにあり，その最後に自分の初めての性体験の年齢，性体験をした相手の男性の一番上の年齢，一番下の年齢が書いてあった。

　雑誌の種類からして，そのようなところに出てくるのは，中学生段階で非行的な経験のある，どちらかと言えば，逸脱した少女と思われる。初体験は，たいてい15歳前後だった。12歳というのも少しあった。ところが，相手の男性の最低年齢は，例外的に14歳というのはあったが，15歳も少し，後はそれ以上だった。

　青年期前期の少年では，好きだというくらいの意味で，女性に憧れることはあるにしても，逸脱経験として実際に性的体験に及ぶことはあまりない。基本的に女性に近付くことは，男性性が危うくされ，去勢される不安につながる。それがこの数字に表れているように思われる。例外的な14歳というのも，その相手の少年がませていたのかもしれない。ほとんど青年期中期に属する15歳以上になっている。

ところが，少女の場合，「夢中」の対象として，男性も対象になることができる。そのため，男性と実際の性的体験にまで至るのにそれほど抵抗がない。12歳というのがたまに出てくるのはそのせいだろう。この時期の少女の非行では，性的逸脱というのがしばしば問題となる。しかし少年では，性的逸脱は問題とはなりにくい。

　非行などの行動化や，早熟な性交のような逸脱行為へと向かうのは，友情，夢中になること，空想の活動，知的な興味，競技的活動，訓練を伴う熱中することなどによって，守ることができる。
　この時期の友人関係，あるいはクラブ活動とかで何かに熱中することは，逸脱行為を防ぐのに役立つ。場合によっては，あまり望ましいことではないが，非行グループという形でしか友人関係を持てないこともある。しかし，パーソナリティ形成から言って，このような友人関係もないよりはましと言える。不登校の引きこもりでは，こういう同年代との人間関係の機会さえも持てない。

VIII　退行への防衛

　完全無欠のパーソナリティがないように，どんな少年においても少女においても，完全に健全に発達するというわけではない。何かしら多かれ少なかれ，どこか不安定な歪んだ部分は残すだろう。その弱点が大きくなると，前に進めなくなり，古い対人関係に戻ってしまう可能性もある。すなわち，退行する危険性がある。
　これは彼ら自身にも困ったこととして自覚される。本当に退行してしまえば，病気になってしまって，日常生活が送れなくなる。彼らは必死で抵抗する。その抵抗の手段として，男性性の過度の取り入れが起こるように思われる。

第8章　青年期前期

ケース32　ナイフ，モデルガン

　随分と前に，男子中学生が「ナイフ」を所持するのがはやった。何でもテレビの主人公が「バタフライナイフ」というものを持っていて，それをまねしているとも，マスコミで言っていた。男子中学生が態度を注意した女性教師をナイフで多数回刺して，死亡させてしまったという事件もあった。

　中学生や高校生が，凶器を持ち歩くというのは，不良生徒の場合，昔からあった。ヌンチャクがはやったこともあった。米軍の払い下げの物品やモデルガンを好む青年も結構いる。

　ここでケースとして挙げるのは差し障りがあるので，問題として感じることを述べる。彼らは退行して，原始的な母，太古的な母，「前エディプス」的な母親に呑み込まれることを恐れているのではないかと思われる。

　第7章の前青年期のところでも触れたように，この母親イメージは，しばしばペニスを持った母親として出てくる。そして，去勢しに来る。これに対して防衛するために，男性性を強調しようとする。ただでさえも心許ない男性性を補強するために，男性性の象徴である「ナイフ」や凶器の類を用いて，強いことを示そうとするのだろう。

ケース33　援助交際

　かなり以前に，ある中学2年生のO（女子）が母親に連れられて私のもとを受診した。理由は大人の男性と関係を持って，おこづかいをもらうので，止めさせたいとのことだった。そのころは「援助交際」という言葉もなかったし，こんなことがはやっているとも聞かなかった。離婚して父親はいない。

　本人と話してみたが，パーソナリティ形成にそれほど歪みがあるとも思えなかった。この件について，本人はよくないとも思っているが，さほど

真剣味がない。医療的治療の対象でないような気もしたし，はっきり言ってどうしてよいかわからなかった。とりあえずしばらく受診してもらって，本人の話を聞いた。

おざなりのようだが，援助交際を止めるように言った。実際，受診するようになってからはしなかったように思われる。そのうち母親は，そのようなことに誘う友人が悪いと言って，関係を切るために，実家のある遠方に引っ越した。

Oの場合，父親がいないとか，友人が悪いとか，いろいろ理由が付くだろう。本当にそれが理由であるのかどうかわからない。お金が欲しいというのはあるだろうが，Oが好きこのんで，交際をしているとも思えなかった。もちろん，不特定な男性と性的関係を持つことが好きなわけでもなかった。当時，ブランド品がはやっていたわけではなく，それほど欲しくてたまらないものがあるとも言っていなかった。やむにやまれず，あるいは逃げているような感じだった。何か不安を紛らわせているか，目の前の不安を麻痺させているような印象を受けた。

おそらく，古い母子関係に問題があるため，退行して太古的母に呑み込まれることを恐れ，成人の男性と関係を持つことで，抵抗しようとしたのだろう。しかし，精神的に男性性を取り入れることと，実際に男性と性的関係を持つこととは異なっている。

第9章

青年期中期 Middle Adolescence

　青年期中期は，だいたい15〜17歳，日本の学校制度ではちょうど高校生くらいに相当する。いよいよ，親あるいは親代理から離れ，異性に向かう時期となる（図9.1）。

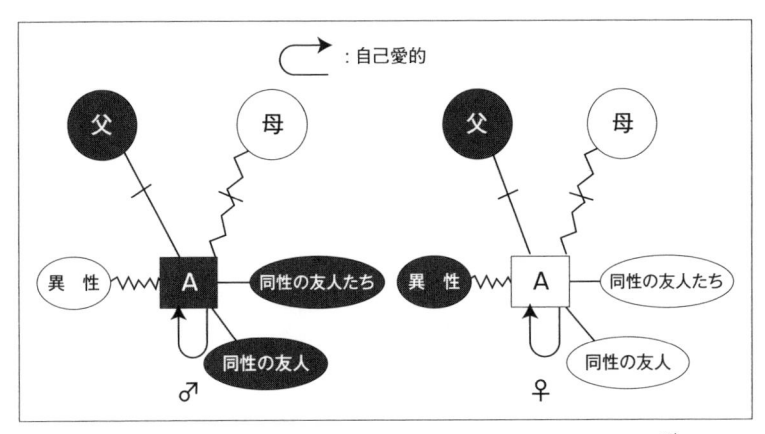

図9.1　対人関係の変化：青年期中期 Middle Adolescence[46]

I　独　立

　青年期前期ですでにその傾向にあったが，青年期中期にはもっと進んで，図9.1で示したように，父親や母親，あるいは相当する親代理とのつながりを切ることになる。異性や同性に男女の差はあるものの，これ以降に少年と少女で図的配置に差がなくなる。

　第8章でも述べたように，完全に切れるというわけではなく，そうしようと思っているという状態にいる。やはりたいてい，経済的に依存しているし，不安になると依存する傾向が出てくる。「甘える」と言ったほうがよいかもしれない。

　これは親との関係を切るというふうにも取れるが，独立して新たな家庭を築くための準備と考えられる。

ケース 34　　親による独立への抵抗

　青年期，あるいは思春期の心理について，中学生・高校生を子どもに持つ親たちに講演したり，相談に応じると，よく出る苦情がある。ほとんど，親子ともども，特に大きな問題がない。

　男子の場合なら，「このごろ反抗的で困るし，どうもガールフレンドだと思うのですけれど，電話がかかってくるんです。また，その電話が長いんです。もっと勉強してくれればいいんですが」などと言う。最近の傾向から言えば，携帯電話ということになるだろう。こういうとき，母親の苦情が多いように思われる。

　これには，「これは将来，新しい家庭を築く準備をしているんです。そのための練習段階と考えてください。勉強ばかりしていて，20歳や30歳になっても，女の友人もいない。あるいは，それも1つの生き方だとは思うんですが，女よりも男が好きなどと告白されたりしたら，こんな悩みではすみませんよ。いきなり，ある日突然，女性と付き合って，結婚するな

どというのは，都合がよすぎます。何事にも練習というものが必要です。その練習が始まっているんです」と答えたりする。

　女子の場合なら，中年の父親から，あるいは悩んでいる夫の気持ちを代弁して母親から質問がある。「このごろ，父親と全然口を利こうとしないんです。前は『お父さん，お父さん』とよくなついていて，何でも話していたのですが。話しかけてもうっとうしがって，ろくすっぽ，返事もしない。父親は父親のほうで，ボーイフレンドから電話がかかってきたら，すごく嫌がって，『誰だ』とか『長い。他から電話がかかってきたらどうするんだ』とかついつい文句を言うんです」と言う。

　このときにも「20歳や30歳になっても，ぜんぜん結婚しようという気持ちがなく，いつまでも独身のまま家にいたい。『お父さんが一番』などと言われたらどうしますか。何でも練習が肝心で，ときどき行き過ぎもあったりするかもしれませんが，自分に合った男性を探しているんです。そのためには，好きでたまらないけれども，父親に脇に寄っていてもらわなければならないんです。父親を視野に入れてしまうとそっちに目がいってしまって，探すことすらできないんです。視野に入れないということのために，返事もしないんです」と答えたりしている。もっとも父親のほうは，娘が独身のまま家にいてもいいような気配もある。

　これらのことは，ある意味で独立していく子どもたちに対して，親の側からの心理的抵抗とも言える。「しかし，何をするかわからないし，不安でしょう」などとも親たちは言いわけをするが，親の側の「分離不安」とも考えられる。

　幼い子どもが親から離れるときに異常な不安，あるいはパニックを示すのを「分離不安」という。不登校の原因としてジョンソン Johnson, A.M. らは「分離不安」を挙げた（1941）[19]。小学生などの不登校ではやはり大きな原因と言える。その論文でジョンソンらは，親，特に母親の「分離不安」も指摘している。わかりやすく言えば，「親離れ」と並ん

で「子離れ」の不安も重要な因子だと言っている。

　青年期の青年たちにおいても，青年の側の分離不安だけでなく，親の側の分離不安について考えるのも重要だと思われる。

II　異性に対する関心への移行段階

　日常の生活場面では，同性の友人たちとの付き合いも，だんだんと色あせてくる。親友と親密な友情を交わしているが，それにも少しずつひびが入ってくる。裏切り，嫉妬，悲哀などの疑惑感情がはさまれる。これに代わって，異性に対する関心が出てくる。

ケース35　友情の裏切り

　高校時代によく仲間の間で交わされた言葉に「友情と女とどっちが大事なんだ」というのがあった。

　クラブ活動のない帰りに，よく友人と一緒に帰ろうと約束していた。そのつもりで授業が終わって誘いに行くと「すまん，すまん，ちょっと，一緒に帰れないことになった。いやまあ，P（友人が付き合っている女子）に話があると言われて……」と言う。むかっとくるような，寂しいような気持ちにおそわれて「そうか」といって1人で帰ることになる。

　Pは特に話があったわけではなく，ただ都合がついたので一緒に帰りたかっただけに過ぎない。今考えれば，なぜ腹を立てたのかが，逆によくわからない。ただ単に一緒に帰るかどうか，こんなことは友情とあまり関係がない。好きな女の子と一緒に帰るほうが楽しいにきまっている。

　この時期には，親からも離脱しているが，同性の友人，親友から，だんだんと異性のほうへと結び付きが切り替わってくる。異性のほうにエネルギーが多く注ぎ込まれるので，その分，同性の友人へのエネルギーが少なくなってくる。同性の友人への結び付きが緩くなってくる。それ

が同性の友人には「裏切り」,「嫉妬」,「悲哀」などのように感じられる。

III 異性への関心

異性に対する愛情に関しては, 少年では, 粗野な追求が優しい愛へと変わっていく。少年のなかにある受身的な要素, 女性的な要素を, 相手の女性に引き渡す。そして自分の男性性を仕上げる。

本来は自分のなかにある女性的な部分を, 実際の女性に投影して, その女性がその部分を持っているように思う。あるいはまさにそれを体現している理想的な女性であるかのように思ってしまう。この場合, 女性は, 性的快感の源泉ではなく, 神聖で貴重なものとなる。それに対応して, こちら側の少年は, 男らしさを担わなければならないことになり, それを実現すべく努力するのが使命であるかのように思ってしまう。

ケース 36　神聖なもの

高校1年生の5月頃だったと思う。クラスのませた生徒たちが,「美人投票」をすると, 紙切れを配った。こんな不真面目なことをしてよいのだろうかとびっくりした反面, 何かわくわくするものがあった。

当時, 私は勉強についていくことで必死だったので, クラスにどんな女子がいるのかもほとんど見ていなかった。名前も全然覚えていなかったが, 周りの女子を見回した。すると, 発見した。今まで見たこともないような, 天使のような美人でかわいい女の子がいた。同じクラスになってもう1カ月も経っているのに, 全然気付かなかった。びっくりした。この世のものとも思えなかった。迷わず, その子の名前を書いた。その日の終わりころ, 集計が黒板に書かれた。奇妙なことに, その子は1番ではなく, 3番だった。理解できなかった。他の女の子がその子より勝っているなんて, おかしいと思った。皆どこを見ているんだと思った。

そのことをきっかけに, その子のことが頭から離れなくなった。きっか

けを作って，付き合って欲しいと言ったが，断わられた。あの子に好かれるようになるためには，男らしくならなければならないと考えた。どんなふうにすれば，男らしくかっこよく「見える」かに，頭を悩ませた。

　高校3年になっても，やはりその子は天使だった。クラス替えで隣のクラスになっていた。私は保健委員をしていて，ある日，トイレの前で女子の保健委員と検尿のコップを回収していた。側で隣のクラスの保健委員がやはり検尿を回収していた。すると彼女が検尿を持ってきた。すごくショックだった。ウソだと思った。どこかで彼女はうんこもおしっこもしないような錯覚を持っていた。それが彼女のおしっこを目の当たりにして，信じられなかった。どこかで「あれは偽物だ」などとも思ったりした。それと同時に，変なエロチックな興奮と，見てはならないものを見たという奇妙な罪悪感を覚えた。

ケース37　アイドル

　不登校の中学生・高校生に随分と関わった。かなり前だが，ある時期，彼らの好きな女性アイドルを聞いていた。かなりの数の少年たちに聞いた。断然トップは河合奈保子という当時の女性歌手だった。他に人気のあるアイドルがいないわけではない。しかし群を抜いていた。

　理由を考えた。河合奈保子という歌手は，ちょっとぽっちゃりして，清純，白のイメージで売っていた。個性は目立たず，ほんわかとした感じでテレビに出ていた。不登校の少年たちというのは，どちらかと言えば，情緒的に幼い者が多かった。彼らには個性が強いタレントは受け付けにくかったのかもしれない。河合奈保子のように，柔らかい，優しい感じで，無垢の白というイメージなら，彼らの投影を受けやすいのだろう。彼らが持っているあまり現実的でない女性イメージを投げかけても，すんなりと受け入れて，染まってしまうかのように思われたのかもしれない。彼らには近づきやすい女性に見えたのだろう。それで，彼らには群を抜いて好まれたのだろう。

なお，躁うつ病の知的にかなり優れた男子高校生はまったく別の個性の強いタレントを挙げた。また，不登校女子では，テレビで見るいわゆるアイドルを挙げることは少なかった。この時期の男女差を示しているのかもしれない。

少女では，異性に向かう用意は少年よりもできている。しかし，成熟した異性愛の発達にはもっと時間がかかる。この時期の発達を回避するために，一時的な性的関係や早熟な結婚が行われることがある。

ケース38　10代の結婚

　一概には言えないし，そうでないこともよくあるが，ブロス Blos, P. も言っているように，10代の結婚はうまくいかないという傾向がある（1962）[3]。

　江戸時代のように15歳くらいで一人前になるとか，昔のように中学を卒業して仕事に就き，18歳くらいにはすでに社会的に一人前になっているというのなら，問題はない。あるいは，今日でも，10代にすでに社会的に自立し，パーソナリティを固めてしまっているのならば，このことは当てはまらない。しかし，今の日本社会では，どちらかと言えば例外に近い。

　なぜ10代の結婚はうまくいかないのだろうか。おそらく，自分が理想とする異性のイメージが変化するからだろう。ある少女が18歳で素敵だと思った男性イメージと，20歳過ぎに素敵だと思う男性イメージに随分と差が出る。

　もし18歳のときに素敵だと思って結婚したとしても，20歳を過ぎてくると，どうしてあんなつまらない男と結婚したのだろうと思われてきて，嫌な面ばかり目立ってくる。するとけんかばかりする。また，他の男性のほうがずっとよいように見えてくる。そうなると，結婚生活の維持が難しくなる。

　青年期の発達途上では，理想の異性イメージも変化すると考えられる。

青年期中期の感情状態は，親からの離脱による「悲哀」と，新しい異性という対象の発見による「愛のなかにある」という感情の間を揺れ動く。

自分のほうから独立という課題のために親から分離したが，その親という対象を喪失したという喪失感のために，寂しい，悲しい，憂うつという気持ちになる。

一方で，新しい対象，理想の異性という対象と心理的に結び付くと，親から撤退して貯まっていたエネルギーが理想的な形で流れ出す。異性という新しい対象との結び付きに，夢見心地になり酔いしれる。

しかし，しっかりと新しい対象に結び付いているという確証がないので，喪失したのではないかと，不安になり「悲哀感」に陥ってしまう。

この両方の感情状態を行ったり来たりすることになる。このような揺れ動きは青年期を題材にした詩や恋愛小説，恋愛ドラマによく描かれている。

IV 自己愛

けれども，両親に向かっていたエネルギーが，スムーズに異性に向かっていくとは限らない。この移行期には，やり場のないエネルギーは，自分に向かい，自己愛的にもなる。

この貯まったエネルギーのために，非常に自己愛的になっている。自分を過大評価したり，現実を顧みなくなったり，極端に感情的になったり，自己中心的であったり，自分の殻に閉じこもったりする。

自分はひょっとしてテレビに出て一躍有名になって皆にチヤホヤされる。それくらい自分には値打ちがあるのだと思ったりする。自分中心の思い込みのために，周りの人たちは価値ある自分のために，何でも自分の言うことを聞かなければならないと勝手に思いこんだりする。それがうまくいかないと，周りに当たり散らしたり，はた迷惑な言動となる。

エネルギーが内側に向かってしまって，自己破壊的となったりすることもある。自分ほど偉い者はいないと思っていた次の瞬間，自分はこの世で役に立たないし，生きている値打ちもない。皆の厄介者だ。その証拠に，皆に嫌われている。そんな思いこみで，憂うつになり，死んでしまいたいと思ったりする。

また，空想活動も活発になっており，白昼夢もよくある。日記あるいは手紙は，白昼夢と現実世界との間に立っていて，精神内容を言語化させ現実に近付け，行動化を防ぐ働きがある。このエネルギーは，芸術などの創造活動にも昇華されうる。

ケース39　日記

私は高校に入ってまもなく，日記を付け始めた。誰かにこんなことを言われて，面白くなかったとか，あいつは勝手だとか，そんなことが多かった。そして，そのうち大部分を片思いの好きな女の子の言動が占めるようになった。

ちょっとした出来事を，拡大解釈して空想していた。自分の都合がよいように，あるいは自分は悲惨な状態にあるとか。その後，それは考えすぎだと，揺り戻しのコメントなどがよく付け加えられた。ときどき，その日記に詩を書いた。大学に入って何年かして少しずつ書かなくなって，そのうち止めてしまった。

V　親たちへの過小評価

親や親代理から分離しようという傾向は，その対象である親や親代理，さらには大人たち全体を低く見積もろうとする考え方を生む。

以前には，親は過大評価され，畏怖の念さえ持たれたのに，今や過小評価され，落ちぶれた偶像のようになる。親や大人一般の権威を軽蔑する。

ケース40　軽蔑された父親

　不登校のために通院していた高校生のQ（男子）は，しぶしぶながらもまた学校に行き始めた。

　父親が息子のことをあまり構っていなかったという反省からか，自分の趣味の釣りに息子を連れていった。会社の同僚2人と釣り船にQを乗せた。

　中年男性同士の世間話からか，釣りをしながら結構猥談をした。父親も内心まずいとは思っただろうが，同僚の手前，止めてくれとも言えなかっただろう。Qは黙って釣りに参加していた。

　次の外来診察のときに彼は怒りながら言った。「中学生のときに，あんなに偉そうに勉強しろと頭ごなしに叱りつけておいて，自分は何だ。ものすごく怖いと思って，びびっていた。そう言われて仕方なしに勉強した。僕が一生懸命勉強しているときに，自分はいつも釣りに行って，仲間と助平なことを言って遊んでいたんだ。同僚が助平なことを言ったら，やっぱり父親も面白がって笑っていた。家とぜんぜん違う。あんなことを僕に言う資格があったのか。よくもあんなふうに叱りつけたものだ。何であんな奴の言うことを聞いたのかと後悔する」と。

VI　分離個体化

　ブロスは，青年期を第2の「分離個体化」の過程として見ることができると言う（1967）[4]。

　第1の分離個体化過程では，幼児は母親との共生から歩み始めて，少しずつ母親以外の世界に関心を向け始める。

　青年は，青年期の第2の分離個体化過程で，家族という絆から抜け出して，社会のほうへ関心を向け始める。そのことから青年期が第2の「分離個体化」過程だと言う。

1. 第1の分離個体化

通常,「分離個体化」と言えば,マーラー Mahler, M.S. らの乳幼児の観察研究によるものを指している (1975)[30]。マーラーらの言う分離個体化についてまず述べる。

2. 正常な自閉

新生児は半睡眠,半覚醒状態で,ほとんど1日を過ごす。空腹とか他の欲求による緊張のために泣くときは目覚めるが,その欲求が満たされ緊張から解放されると眠りにつく。このような生後の数週間の状態を「正常な自閉」とマーラーらは言う。

3. 正常な共生段階

2カ月目に入ると,乳児は欲求を満足させる対象をぼんやり意識するようになる。このことから「正常な共生段階」が始まる。

しかし,まだ乳児は,自分と母親が1つの全能の組織であるかのように行動する。乳児は,母親のイメージと自分のイメージが,全能感に満ちた身体精神的融合であると思い込んでいる。自分と母親とが,別々の個体であるにも関わらず,共通の境界を共有していると思い込んでいる。

4. 孵化（ふか）

やがて母親と一体化している状態から脱するようになる。それを「孵化」と言う。それは精神的な意味で,第2の誕生,心理的誕生体験とも言える。

母親以外の世界に対して関心が本格的に向けられる。孵化した乳児は共生のぼんやりしたもうろう状態を抜け出して,自分の身体の感覚や,母親との共生から来る感覚より,外の環境からの刺激に注意を払うようになってくる。

5. 分離個体化段階

　共生段階の頂点である生後4〜5カ月頃から「分離個体化段階」が始まる。したがって共生といくらか重複している。

　乳児は母親を特別な人として認識し，また母親以外の世界に関心を注ぎ，それを吟味する。そしてだんだんと母親から離れていく能力を示すようになる。生後約5カ月から2歳半まで継続する。

　分離個体化段階には4つの下位段階がある。(1) 分化, (2) 練習, (3) 再接近, (4) 個体性の確立と情緒的対象恒常性の開始, に分けられるが, いくぶんこれらの段階は重なり合っている。

6. 分化

　「分化」は, 分離個体化過程の第1段階で, 5〜9カ月にかけて現れる。

　完全に母親に依存していたが, 運動能力がだんだんと発達することで, 母親から離れることができるようになる。そして母親への依存が少しずつ減少する。

　母親の顔や身体を視覚的, 触覚的に探索する, 外の世界を見る, 母親を見るために母親から身体を離す, 母親と他の人々を見比べる, これらの行動を通じて, 自分を自分でないものから区別するようになる。自我機能が芽生え始める。また身体イメージが分化し始める。

7. 練習

　「練習」は, 分離個体化の第2段階で, ほぼ9〜14カ月までに現れる。

　この期間には, 乳児は這って, 後には歩いて, 母親から離れたり戻って来たりできる。周りの物や生き物を探索したり, 運動の練習にエネルギーが多く費やされる。

8. 再接近

「再接近」は，分離個体化の第3段階で，14〜15カ月からおよそ24カ月の間が相当する。そしてそれ以降も続く。別個の個体である母親を再発見することと，母親への帰還が特徴である。

幼児は母親を分離した外部のものとして明確に知覚する。また，自分の体験や所有物を母親と共有しようとする。練習期には自己愛的高揚感で満たされていたが，分離していると自覚するようになり，それとともに傷つきやすくなる。短い期間，分離すると非常にネガティブな反応が起こる。そのときには，誰も母親の代わりになることができない。「再接近危機」と言われる時期がある。幼児は母親と結合することを望むと同時に離れることを望む。そのため，かんしゃく，すすり泣き，悲しい気分，強い分離反応が起こる。

9. 個体性の確立と情緒的対象恒常性

「個体性の確立と情緒的対象恒常性」は，分離個体化の第4段階で，2年目の終わり頃に始まる。しかも完結せず，その後も続く。

この期間には，母親は外界で分離した人間として明確に知覚される。それとともに内的な世界に母親イメージが定着するようになる。母親のイメージが確立するので，母親の不在にも耐えられるようになる。つまり母親を待つことができるようになる。

マーラーらは，このような段階を経て，乳幼児は発達していくと言う。

VII マスターソンの青年期境界例

この「分離個体化」の問題と密接な関係にあるマスターソン Masterson, J.F. の「青年期境界例」の議論に簡単に触れる（1972）[31]。

青年期に単なる神経症とも診断できないが，精神病とも言えない一群

の青年たちがいる。彼らは，軽い退屈感，落ち着きのなさ，集中困難，身体への心気的な構え，または過度の活動を示す。そして目にあまる問題行動を引き起こす。反社会的行動，盗み，飲酒，薬物乱用，性的非行，家出などがそれに相当する。

機械的に現在の診断基準を用いれば，未成年なら「行為障碍」ということになり，成人に達していれば「（境界型）パーソナリティ障碍」ということになるだろう。このような青年たちに対して，マスターソンは「青年期境界例」という用語を用い，その原因として不完全な「分離個体化」を挙げた。

まず，母親自身が充分に分離個体化できていないと言う。情緒的に未熟な部分を持っている。そのため，自分の子どもと共生的な結合を維持しようとする。自分の感情的な不安定をカバーするために，子どもと密着しようとする。子どもに対して，子どもの依存性が持続するように仕向ける。子どもが独立して自立的になることを阻む。子どもを永遠の幼児，あるいは1つの対象物のように捉える。母親自身が不安に陥らないようにするために，子どもを利用する。

子ども自身が母親に依存的であると，母親が喜ぶのを子どもは知る，あるいは体験する。自分が母親に依存し独立しないようにすると母親が喜ぶので，子ども自身はできるだけ個性を発達させないようにする。

子どもは，青年期になっても依存性を温存したままでいる。独立しようとすると，決まって母親はそれを阻止するために「見捨てる」という脅しを使う。その脅しのために，子どもは独立できない。青年期になって，独立したいという欲求と，母親から「見捨てられる不安」との葛藤が，このような青年の病像を形作っていると言う。

どのような青年も分離個体化の過程は完全ではない。また，これまでにも述べてきたように，青年期における独立と依存の葛藤は，「青年期境界例」の青年にだけあるものではない。したがって，マスターソンの言う「青年期境界例」に関する議論は，程度は少ないものの，多くの正

常範囲の青年にも当てはまると思われる。

VIII　第2の分離個体化の過程

　青年期前期，青年期中期に，それぞれの図で示したように，父親や母親，あるいは相当する親代理とのつながりを切る。

　幼児は母親との共生の殻から抜け，少しずつ母親以外の世界に関心を向け出す。分離個体化の過程を歩む。青年は家族の絆という殻から抜け，社会へ歩み出す。このことは，ブロスが言うように，青年期全体を第2の「分離個体化」の過程として見ることができる（1967）[4]。

　この過程でブロスが指摘している重要な点をいくつか挙げる。

a) 青年期の個体化過程は，幼児期からずっと情緒的につながっていた母親や父親から切り離される。それに伴って，青年のパーソナリティ構造に変化が起こる。このパーソナリティの再構造化のために，一時的にパーソナリティが傷つきやすく不安定になっている。

　対人関係は，行動などを通じた外的関係であるとともに，内的な，精神的な関係でもある。内的なものは行動パターンやイメージなどとして蓄積されて，その人の対人的反応パターンとなる。この反応パターンはパーソナリティの一部を形造る。

　青年期では，親に対する反応パターンを自分から変えることになる。親からの分離独立を図ることで，親に対する反応パターンを変える。それまでの依存，従順というパターンから，独立，拒絶というパターンに変える。

　それに対応して，パーソナリティの構造が変化することになる。構造を組み替えしているときは，不安定な時期でもある。そういうときは，外的刺激に弱く，傷つきやすくなる。

　それまでの小さな家から，もっと大きな家に建て替えるのに似てい

る。いわばリフォームである。建物の一部やときには大部分を壊さないと，家を建て替えられない。壁を壊して，外から丸見えになったり，雨や風にもさらさなくてはならなくなる。

　b）幼児的対象からの離脱，拒絶は，主観的には異邦人的な感覚として経験される。

　青年期には，父親や母親，あるいは相当する親代理とのつながりを切る。

　それは，主観的には，自分が異邦人になったかのように感じられる。家族がよそよそしく，まるで他人か見知らぬ人たち，外国に行って言葉も通じない人たちであるかのように体験される。

　c）退行の危険性を含んでいる。しかし何かからの防衛のための退行という意味ではなく，発達という意味である。

　幼児的な対象から分離独立して，パーソナリティの組み替えを行うときに，必ずしも新しい構造がすぐに出現するとは限らない。今の構造の一部を壊す。そこに新しい構造物を作ろうとする。

　上で述べた比喩で言えば，リフォームのため，建物の一部を壊す。場合によっては見えずにいたが，それまでの自分という建物を支えていた古い土台が見えることになる。

　こういう過渡期には，土台となっている古い構造物が露出することになる。幼児期にあった対人パターンが少し見え隠れする。

　前青年期，学年で言えば小学校高学年の時期に，肛門期的なエピソードが出てくると第7・8章で述べた。肛門や排出に関する話題が好まれるとか，大人から見てあまり意味のないものを蒐集したがったりするとかが，それに相当する。

　しかし，この退行は，悪い意味，病的という意味での退行ではなく，パーソナリティの組み替えのため，避けられないものである。発達する

ために，古いものを壊している過程に当たる。

　もし古い土台が病的に不安定だと，太古的母親に退行的に呑み込まれるという強烈な不安を感じる。少年では男根的母親による恐ろしい去勢不安を感じたり，少女では退行に対する不安から，逃避的に異性と関係を持つなどの行為が見られることがある。

　d）退行は児童期の発達によって可能になる。
　第6章でも述べたように，児童期に，1）知能，特に言語による表現力の発達，2）身体的能力の発達，3）他人と共感するなどの社会的理解の発達，がなければ，思春期の変化に対処することが難しい。
　対人関係に関する部分の組み替えが青年期には行われる。この対人関係に関する部分の組み替えは，上記の3つがある程度発達していないと困難となる。
　これらが充分にできておらず不安定だと，親から分離独立し異性へ向かうことができなくなる。この構造変化による退行自体，児童期の充分な発達の支えがないとできないものなのである。
　青年期に本格的に向かうには退行が不可欠となるが，その退行自体がこれら3つの条件を必要としている。このようにブロスは言うが，実際にこれらの条件を著しく欠いている場合，どうなるのだろうか。
　退行をなしですますというわけではなく，青年期の著しい混乱，危機という様相を呈するだろう。自閉症における「心の理論」発達障碍説によると，「3）他人と共感するなどの社会的理解の発達」が，この障碍においては遅れている。自閉症などの広汎性発達障碍で思春期の訪れとともにパニックなどが増加したり，知的に恵まれた広汎性発達障碍で精神病的エピソードが起こったりするのも，それに当たるのかもしれない。

　e）退行を通じてのみ，青年期の課題は遂行される。
　親から分離独立し異性へ向かうという対人関係の変化によりパーソナ

リティの組み替えが起こり，そのため一時期，退行が生じる。

　パーソナリティの一部分を打ち壊すことで，それまで隠れていた土台が見えてくるのが，退行に相当する。この土台に新しい対人関係の構造物を作り上げることで青年期の課題が成し遂げられる。

　その意味で退行ということがないと，青年期の課題も達成できない。

　f）退行を通じて，幼児期の外傷，葛藤，固着が修復され，さらなる発達，成熟の資源となる。

　退行によって，土台に含まれている古い幼児期の母親イメージや父親イメージが再体験される。

　古い幼児期の母親イメージや父親イメージは，親以外の同性イメージ，異性イメージの原型となる。もしそこに心理的問題があるとき，幼児期の問題を，親以外の人たちへ投影することになる。こういう投影を青年期やそれ以降もくり返していたら，後々の対人関係に支障を来す。

　それを避けるために，軌道修正する。古い幼児期の親イメージが出てきたとき，青年期に入った段階で再び現実の親を少し離れて見直す。分離独立した観点から冷静に捉える。

　例えば，恐ろしくて仕方なかった父親を単なる普通の男として見直し，恐ろしい父親イメージを克服する。

　こうしてアンビバレント（両価的）な対人関係の土台が訂正，分化，中和される。古いこだわりからいくぶん自由になってさらに発達することになる。

　g）幼児期や児童期におそわれた危険に打ち克つチャンスとも言える。

　幼児期や児童期に心理的な危機状態に遭った場合，青年期はパーソナリティの傷を修復するチャンスとなる。そのとき，同性の友人たちや親友が助けとなる。

　親から分離しただけでは非常に不安定となる。友人たちと結び付くこ

とで，不安定さを防げる。それによって退行，すなわち親からの分離と，新しい人間関係の構築ができる。

　具体的には，友人たちと遊んだり話し合ったりして，つらかったことや不安などを共感することで，克服する。この様子は，第7章のケース12（p.40）で述べた映画『スタンド・バイ・ミー』によく表れている。

　h）幼児が母親の助けがいるように，青年には友人たちのグループの助けがいる。

　今述べたように，友人たちと結び付くことで，親からの分離ができる。それは幼児には母親が必要なのと同じくらい重要なことに相当する。

　i）退行した自我は偶像と同一化しやすい。

　それまで絶対的だった親から分離するので，それに代わる絶対的なイメージに頼る。

　例えば，スポーツ選手，人気のある歌手，タレントなどを取り入れようとする。友人として頼るというのではなく，理想としてまるごと取り入れようとする。自分をそれに重ね合わせて，同じようになりたいと思う。

　j）外的・内的対象からのリビドー撤退は自己愛的なリビドーとなる。

　すでに述べたように，現実の親や内的イメージとしての親から分離独立すると，余ったエネルギーは友人や異性に向かう。

　その方向ですべてのエネルギーが発散されるかというと，親に向かっていたエネルギーのほうが膨大なため，やはり余りが出る。結局，そのエネルギーは自分に向かい，自己愛的なものとなる。

　もし，友人たちや異性へ向かうエネルギーに閉塞状態が生じると，もっと自己愛的となる。外的な対人的交流の少ない青年たちには，ある

意味で，テレビや雑誌などの同性のヒーロー，憧れの人，異性のアイドルは，自己愛的閉塞状態を緩和する効果があるかもしれない。

　k）退行に対する抵抗のために，外的世界への行動・身体的活動，行動や思考の独立と自己決定が，暴力的・向こうみずとなる。

　青年期に親から分離独立することで，昔の対人関係のあり方が甦り，退行することになる。

　昔の対人関係に傷を持っている場合には，古傷が甦り，ひどくつらいものとなる。古傷が甦るというつらい退行を回避し抵抗することも行われる。

　あたかもそれに対する反動でもあるかのように，外的活動に熱中することもある。クラブ活動や競技的運動に熱中して，勝利を得ようとする。あるいは有名タレントになることに挑戦しようとしたりする。このようなことは正常な青年にも見られることである。これはある意味で生産的に働くと，よいことにもなる。

　あるいはさらに，非行に走り，やくざなどの反社会的集団の行動規範をまねようとすることもある。

　ブロスは，児童期に過度に依存的だった子どもが，青年期に逆に，何としてでも親から離れようとする，幻想的な勝利を得ようとすることがあると言っている。

第10章

青年期後期 Late Adolescence

　青年期後期はおよそ18〜20歳頃で，成人前くらい，日本の学校制度では大学生くらいに当たる。

　第9章の図9.1で示したように，青年期中期では，両親，とくに母親と分離する方向に向かっていた。青年期後期では少しずつ図10.1で示すように，両親とは肯定的な関係が回復してくる。

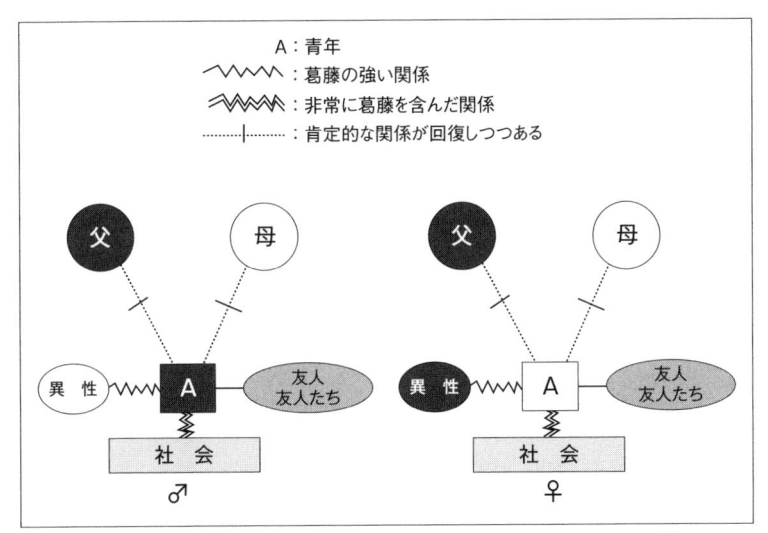

図10.1　対人関係の変化：青年期後期 Late Adolescence[46)]

また友人については，青年期中期では同性が中心だったのに，青年期後期では同性に限定されなくなる。同性，異性に関わらず，親友や友人たちと付き合うようになる。ただ，将来の配偶者となる異性の位置には，特別な異性が来る。この異性とはやはり葛藤をはらんだ関係となる。

　そして青年期中期と比べて青年期後期のもっとも著しい変化は，社会が視野に入ってくることである。これから大人の社会へ入っていく段階となり，社会のなかでどう生きていったらよいかという課題が重要となる。

　これまでは，家族や友人たちのなかで自分がどういう位置を占め，その人たちの間でどう生きていったらよいかということが重要な問題だった。ところが今度は家族や友人たちだけでなく，社会を含めた大きな全体のなかで，自分がどういう位置を占め，どう生きていったらよいかということが課題となる。

I　自我同一性 ego identity

　青年期後期は「統合の時期」，「これが私だ」という同一性の確立の時期と言われる。自我を統一して，パーソナリティを形成し，その内部の連続性を保つようにする。が，ここで達成されるのは，相対的な成熟で，いまだ完成されない。

　自我同一性というのは，エリクソン Erikson, E.H. が唱えた概念で，自分が連続性と類似性を持ったものであることを経験し，それに応じた行為をなし得ることを言う（1959; 小此木, 2002）[6,37]。

　エリクソンは端的には次のような感覚 sense だと言う。

　例えば，子どもが自分が歩けるようになったことに気付いたばかりだったとする。子どもには自分が歩けるという単純な喜びがある。しかし同時に子どもは，「歩けるようになった自分」が獲得する背の高さや

新しい地位が，その文化のなかでどんな意味を与えられているかを自覚するようになる。子どもが「歩ける人」になることで，自分の身体の支配と文化的な意味が一致するようになる。身体を働かす喜びと社会的な承認とが一致するのを体験する。それにより，いっそう現実的な自分の評価を高めることになる。これは子どもの発達段階の1つである。

　この評価は決して幼児的な万能感の確認ではない。この自分の評価は，子どもが集団のなかで未来に向かう有効な歩みを学ぶ途上にあるという確信へと変わっていく。つまり，子どもの自我が社会的現実のなかで定められた自我へと発達しつつあるという確信を，子どもが持つようになる。この感覚を，エリクソンは「自我同一性」と呼ぶ。

　厳密に言うと，「同一性」と「自我同一性」とは区別される。

　まず「同一性」は，身分証明書に代表されるような，自分の定義と他者によるその承認ないし証明を含んでいる。「同一性」はまず第1に，自分の単一性，連続性，不変性，独自性の感覚を意味する。第2には，自分の評価と肯定的な自分のイメージを意味する。それは，一定の人たちとの間で，あるいは一定の集団において，メンバーたちに承認された役割の達成，および，メンバーたちと価値観を共有することで得られる連帯感や安定感，この両方に基づいて形成される。

　それに対して，「自我同一性」はさまざまな「同一性」を統合するパーソナリティ的な同一性を言う。

　われわれは，生まれてから，父母，家族を初めとする対人関係のなかで社会化されながら自我発達を遂げる。そのとき，それぞれの家族同一性 family identity，「息子（娘）としての自分」がある。

　また，属する集団による集団同一性 group identity，「○○としての自分」がある。あるいは「男性（女性）としての自分」（sexual identity），「日本人としての自分」（national identity），「教師としての自分」（professional identity）というように，さまざまの社会的な自分とそれらの同一性が形成される。これらの同一性を統合するパーソナリ

ティ的な同一性を,「自我同一性 ego identity」と言う。

さらに,内省的に体験されるこのような統合的な自分に対しては,「自己同一性 self identity」の概念が用いられる。

発達の面から見ると,幼児期から青年期にかけて,いろいろな集団に属しながら,同一化がくり返される。それは一時的だったり実験的だったりすることもある。

ところが,青年期に入ると,大人社会に参加していく準備のために,それまでの多くの同一化を取捨選択し,秩序付け,統合して,「自我同一性」を確立することが課題となる。青年期全体のなかでも,青年期後期には社会という要因が決定的に入りこんでくる。したがって,青年期後期とそれに続く後青年期は,「自我同一性」の確立がもっとも重要な課題となる。

ケース41 「僕って何」

高校に入って私は日記を付け出した。学校での出来事,友人の言動などが主な題材だった。高校から大学に入るにしたがって,「僕って何だろう」という疑問がしばしば頭をもたげてきた。

高校生や大学生である以外に何者でもない。気分のよいときは,自分はそのうちに偉くなるんだと空想してその思いに浸れた。気分が落ちこんでいるときには,級友たちの前でびくびくしながら顔色ばかり見て,1人になったら後悔ばかりしている小さな人間が,将来ちゃんとやっていけるのだろうかと思った。ああいう人になりたい,こんなふうな大人になりたいとは思うが,なれそうにもない。本当に大人としてやっていける日々が来るのだろうか。そんな漠然とした不安におそわれていた。

学生証があるので,そこに書かれている内容の自分だけは確かな気がした。それは単なる過渡期の外面的な自分でしかない。自分には自分しかないのはわかっているが,その自分は何なのだろうかと悩んだ。

20歳すぎから30歳くらいまでの後青年期に属する若い大人が，仕事を持ったり，生計を立てるのに備えたり，結婚したり，子どもを持ったりして，外見的に明瞭な社会的役割を持つことによって，パーソナリティ形成上の不完全さを曖昧にできると，ブロス Blos, P. は言っている (1962)[3]。

　私も高校生や大学生のときにあれほど自分の欠点に悩んでいたのに，仕事を持ったりしたら簡単に自分がわかった気になってしまった。こういう単純なわかり方は，ブロスの言う通りかもしれない。たいていの青年たちはそうして悩まなくなるのだろう。

　社会に出てかなりの年数を経た現在，名刺に書いてある肩書きと，周囲から要求される仕事と役割で，自分はこんなものだと思っている。定年になって退職したら，また青年期と同じ疑問におそわれるのかもしれない。

II　イデオロギー

　性別の同一性，すなわち男性性，女性性もこの時期に最終的な形をとる。社会的に同世代の男女交際も，条件付きではあるが認められるようになってくる。

　また，この時期には，労働すること，愛すること，物事を知ること，社会と連帯することなどを説明し，納得させてくれるような思想，イデオロギーに近づいたりする。それにより，青年は，しっかりと自分を表現できたり，自我のある部分の発達を先へ延ばしたりするようになる。

ケース42　左翼思想のこと

　学生運動がピークを過ぎたころに，私は大学に入った。しかし，キャンパスにはいつも独特な字体で書かれた学生運動の立て看板があり，校門近くでは毎日，いろいろと大学や社会の批判が書かれたいわゆるアジ・ビラ

が，運動家を示すヘルメットをかぶった連中から配られた。

　自覚のある学生なら，マルクス，レーニンの本，あるいはさらにサルトルやマルクーゼなどの新左翼の本も読んで理解しなければならないという風潮だった。弁の立つ学生運動家の言うことが正しいように思えた。周囲の友人たちも左翼思想を読み，どのくらい読んだかが自慢になっていた。私の周りに運動家はいなかったが，友人たちの何割かは左翼思想が正しくて，世界のすべてを説明してくれると思っていた。あるいは思わされていた。社会の成り立ち，社会との関わり方，さらには男女関係までそれで説明しようとした。そこから社会のなかでの自分を位置付けようとしていた。

　今や社会主義対資本主義という第二次世界大戦後にあった対立図式がもはや通用しなくなった。あれは何だったのだろうかと思う。単純に「若気の至りでした」，「間違いでした」と，当時の自分たちを否定するのもつらい気がする。

　青年が既成の社会に相対して，それに圧倒されないために，ある種の思想とか，思想とは言わないまでも風潮，流行している考え方などが必要なのは，今も変わらないと思う。それはファッションであったり，ポップスであったり，宗教であったりする。

Ⅲ　幼児期の心的外傷を現実の世界で解決すること

　また，幼児期に多かれ少なかれ普遍的に見られる現象である心的外傷が，このころに変化する。

　心的外傷は，初めは外からの脅威であった。それが，子どもにおいては内的なものとなる。心的外傷となる。

　が，青年期後期にまた，外へ向けられる。青年は，この外傷体験を外の世界で現実的に統御する試みへと駆りたてられる。

　今，自分が生きていることを，心的外傷を伴う過去に結び付け，過去

から携えてきた問題を解決しようとする。心的外傷を伴う過去と，今現在，自分が生きていることを関連付ける。そして，さらに前へ向かう確実な方向性をつかむ。これは，過去から現在，未来へと続く自分の歴史的連続性となる。自分自身のものだと感じられる人生の道に向かう。生涯にわたって続くテーマとなる。

　この外傷が逆に働くと，防衛的反応を引き起こし，パーソナリティ形成にネガティブな影響を与える。

ケース43　障碍者が家族にいること

　障害児教育（特別支援教育）を専攻する学生たちにその専攻を志望した動機を尋ねると，家族に障碍者がいるからという答えが少なからず返ってくる。

　子ども時代にまったく心的外傷がなく育つという人はいないだろう。誰しも多かれ少なかれ心の傷を持っている。しかし同胞や親に障碍者がいる場合，子どものころに偏見などによって傷つけられることもあるだろう。

　子ども時代の内的な個人的な悩みを解決するという試みが，外の現実の世界で問題を解決するという情熱に変えられることがある。障碍者が家族にいる障害児教育（特別支援教育）専攻の学生すべてに言えるというわけではないが，内的な克服を外的な克服に変換し，一生のテーマとするということだろう。

　障碍のある同胞や親を可能な限りよく理解し，よく関わりたいという気持ちが，障碍者全体をよりよく理解し貢献したいという情熱に変わる。自分個人の悩みの解決が，現実社会へと関わって，一生を通じる大きなテーマへと変化し，内と外とが首尾一貫したものとなる。これが自分だというテーマとなる。

IV 同一性拡散症候群

　青年期後期は，危機の時期と言われる。無理にパーソナリティを統合しようとして，適応に失敗したり，自我を変形させてしまったりする。そしてそれが精神病やパーソナリティ障碍のような重症の精神病理の元となったりする。エリクソンは，こうしたことから青年期後期を「同一性の危機」の時期と呼んだ（1959; 小此木，2002）[6,37]。エリクソンは自我同一性の確立の障碍として，「同一性拡散症候群 identity diffusion syndrome」も記載した。

ケース44　脱落型の不登校（山本，2002）[48]

　高校2年生のR（男子）は，中学3年の終わりの成績が思うようにいかず，志望していた高校からランクを一段下げさせられて受験し，不本意な高校に入学した。自分も親も納得していたつもりだった。

　高校1年のときには，何とか登校していた。友人も多く，学校にはこれといって不満もなかったが，だんだんと興味が見い出せなくなった。元々クラブにも入っていなかった。何のために勉強しなければならないのか，何のために高校へ行かなければならないのかわからなくなっていった。理屈では大学へ進学して社会に出る必要があるとは思っているが，いまの高校生活と結び付けることができない。だんだんと昼夜逆転の生活になり，学校へ行けなくなってきた。そのため，親に連れられて不本意ながら私のところへ診察に来た。

　大学へ進学して企業に入るのが有利だろうと話すと，自分でもそう思うし，そうするしかないような気がするが，何かしっくりいかないと言った。昼夜逆転の生活を止めるように告げ，何かしたいことはないのかと訊くと，ギターを弾けるようになりたいというので，習いに行くように勧めた。

それから，Rはギター教室に通いながら，通院していた。何となく学校へ行かなければならないとは思うし，行ってもいいかという気になり出し，少しずつ登校し出した。積極的に登校しなければならない，登校したいというのではまったくなく，「仕方がない」という感じだった。登校したら，学校にはそれなりに友人がいるし，続けて登校するようになった。

　こういうケースは，精神病でもパーソナリティ障碍でもない。いわゆる不登校の範疇に入る。
　本質的なことは，自分をつかめないでいるし，将来もつかめないでいて，そのため今の生活ができなくなっていることだろう。「同一性の拡散」という言葉が合う。大学生で，うつ病のようなこれといった精神的な疾患でもないが，学業の意味を見い出せず，ずるずると留年している学生がかつて多くいた。「スチューデント・アパシー」と言われた。少なくはなったが，今も存在している。こういう学生の多くも，「同一性の拡散」に属しているだろう。

第11章

後青年期 *Postadolescence*

　後青年期はおおよそ21歳以降，30歳近くまでの時期に相当する。青年期後期との境界はそれほど明確ではなく，かなり個人差がある。だいたい青年期から成人への移り変わりの介在期と考えられる。「若い成人期 Young Adulthood」とも呼ばれる（図11.1）。

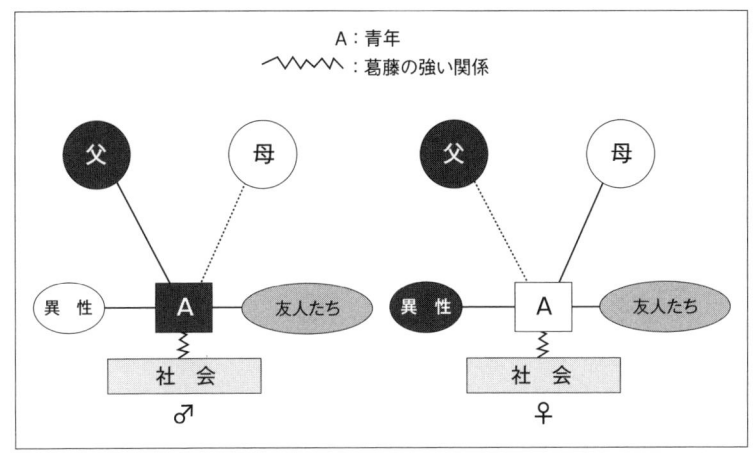

図11.1　対人関係の変化：後青年期 Postadolescence[46)]

I　青年期が延長したこと

　ずっと昔,例えば江戸時代は15歳で元服を迎え,一人前として社会から認められ成人となった。江戸時代のことはよくわからないが,明治時代あたりの平均寿命は40歳にも満たなかったと聞いたことがある。最近の日本人の平均寿命は,男が76歳くらいで,女は86歳くらいになっている。人が生まれてから死ぬまでの期間がおおよそ2倍になったとも言える。江戸時代では15歳で一人前となり,平均寿命が2倍となった現在は一人前になるにも江戸時代の2倍かかる。30歳にならないと一人前にならないとも思える。

　これは比喩に過ぎない。実際は高度文明社会となって,身体的に一人前となっても,社会的には一人前とみなさないためと考えられる。江戸時代のような時代は,身分制度が固定され,親の職業と子どもの職業とが同じか,それほど異ならない。社会で生きていくために必要な職業的な訓練は,たいてい親を見習うということですみ,特別な教育や訓練を必要としない。

　ところが,現代社会のように人の流動が激しくなると,親の仕事を見習って覚え,親の職業を継ぐということが少なくなっている。たとえ継いだとしても,技術革新や社会自体の変動が激しく,親がやっていたのと同じやり方で子どもがやると,うまくいかないこともしばしば起こる。

　また多くの人がサラリーマン化し,直接に親の仕事を見ることすらできない。それだけでなく,例えば会社で働いているサラリーマンである父親を継ぐということ自体,意味をなさない。父親が会社員をやっているので自分も同じようにするといっても,父親と同じかそれ以上の学歴をつけるということ以外に仕方がない。

　結局のところ,社会が職業人として一人前とみなし,自分もその自覚

ができ，心理的にも安定化するのには，かなりの期間を要し，30歳くらいまでかかるということになる。

II　自我同一性の仕上げ

　20歳ころまでの青年期後期には，葛藤を安定させ，生涯の仕事を選択し，社会的な役割と一致させていくということによって，自我同一性を強化し，生涯の仕事の形，明確さ，表現性を得るという課題がある。これらを通過した後でも，全体的な調和はまだ充分ではない。そこで，後青年期にこれを達成する。

　一般に思春期や青年期と言われているのは，主に本能の体制化の時期に当たる。成長ホルモンや性ホルモンによる身体的変化と本能的変化におそわれ，それを自分のものにして安定化させていく。

　思春期や青年期をハード面とソフト面に分けると，18歳から20歳くらいでハード面は完成する。しかしソフト面はそのハード面の変化にしたがって発達させなければならないし，また外の世界に適応するようにも発達させなければならない。ハード面の嵐が過ぎ去った後も，ソフト面である自我は統合の過程をさらに続けなければならない。

　対人関係については図11.1に示したように，青年期後期に比べて，異性とは葛藤が少なくなってくる。友人たちも同性，異性に関わらず付き合う。社会とはやはり葛藤はあるが，青年期後期よりは少なくなっている。これまでの青年期との大きな違いとして，親との間の葛藤がほぼなくなってくる。とくに同性の親と和解していく。

　後青年期には，「品位のない愛」対「理想化された愛」，「感覚的な愛」対「やさしい愛」，「物資的利益」対「学問的追求」，「独立による経済的不安定」対「自由のない安定した職業」などの間で選択，実験，可能な結合が演じられる。

　こういう対立図式のなかで，悩みがくり広げられる。性欲中心の恋愛

と愛情に裏付けされた恋愛，傷つき傷つけられる官能的な恋愛といたわりの恋愛，生活を優先して就職するか，研究を優先して大学院に進むか，今の会社でがまんして不本意な仕事を続けるか，脱サラして自分のしたい仕事に挑戦するか。こういうテーマは若者の悩みの中心を成し，ドラマでもよく取り上げられる。

Ⅲ　モラトリアム

エリクソン Erikson, E.H. は，青年期から後青年期を「心理社会的モラトリアム」，「自由な役割実験を通った個人が，社会のある区分のなかで適所を見い出す期間，すなわち明確に規定され彼のためにふさわしく作られたように見える適所を見い出す期間」と言った（1959; 小此木, 2002）[6,37]。とりわけ，後青年期が重要な意味を持つ。

元々「モラトリアム moratorium（猶予期間）」とは，経済恐慌などの場合，国家が債務の履行の一定期間延長を認めること，すなわち支払猶予を言う。

エリクソンはそれを敷衍して，青年が社会的な大人としての自分を確立しなければならない際に，自我同一性の確立に至る青年期から後青年期の過程を「心理社会的モラトリアム」の段階とした。

詳しく言うと，モラトリアムには「精神性的モラトリアム psycho-sexual moratorium」，「心理社会的モラトリアム psycho-social moratorium」，「歴史的モラトリアム historical moratorium」がある。青年期から後青年期で強調されているのは，2番目の「心理社会的モラトリアム」である。

精神性的モラトリアムは，子どもが将来の技術を学習したり，労働への適応を準備する期間で，児童期に相当する。

心理社会的モラトリアムは，上に述べたように，性的に成熟して異性愛的能力が発達し親になることへ準備する期間，社会のなかに自分を適応させていくために準備する期間で，青年期や後青年期に相当する。

歴史的モラトリアムとは，ある特定の集団同一性が形成される際，その同一性が同一性として確立されるまでに要する準備期間のことを言う。

ケース45　兄のこと

　私の兄は高校を卒業して，両親も周りも期待していたように，父の家業を継いだ。しかし20歳を過ぎたころより，家業の将来に不安を抱き始め，仕事にも熱が入らなくなった。

　そのうちとうとう辞めてしまって，冬場はスキー場の知り合いのペンションで働いた。夏場は，日本国中を旅して回っていた。あるときは，沖縄でアルバイトをしているかと思えば，別なときは北海道で働いていた。ときどきは実家に立ち寄った。私としては兄が映画『男はつらいよ』の主人公，フーテンの寅さんのように思え，あの映画を観ても人事とは思えず複雑な気持ちがした。何年かして家業に戻った。

　今にして思えば，兄はあまりに早く周囲の期待から無理に自分を固めようとして，不適応を起こしたのだろう。自分を固めるのを延期するために，心理社会的モラトリアムが必要だったのだろう。

第 12 章

青年期過程のいくつかの行路

　本章では，ブロス Blos, P. が挙げている青年期のコース (1962)[3] のいくつかを，若干の無理はあるが，図示しながら述べる。

I　正常範囲の青年期過程

1．典型的な青年期

　図 12.1 に典型的な青年期を図示した。これは第 1 章で示した図 1.1 とほぼ同じもので，典型的に青年期を経過している。

　身体面の変化という意味での思春期の成長が順調に起こり，変化していく社会的役割に対して調和した自我が前進的に修正される。

　児童期にはほぼ問題がなく，小学校高学年くらいに当たる前青年期に入って，第二次性徴に伴う性ホルモンや成長ホルモンの分泌増加によって，身体に変化が及んでくる。友人関係に変化が起こり，男女に関係なく付き合っていたのに，同性の友人たちとともに過ごす時間が増える。親たち，とくに母親に対して微妙に葛藤をはらんだ関係になる。少年とは違って，少女では異性に対してもひかれたりすることがある。このような変化は，自我の不安定化をもたらす。図に示したように，自我が曖昧になってくる。その不安定さによってこそ，次の進展が可能になる。

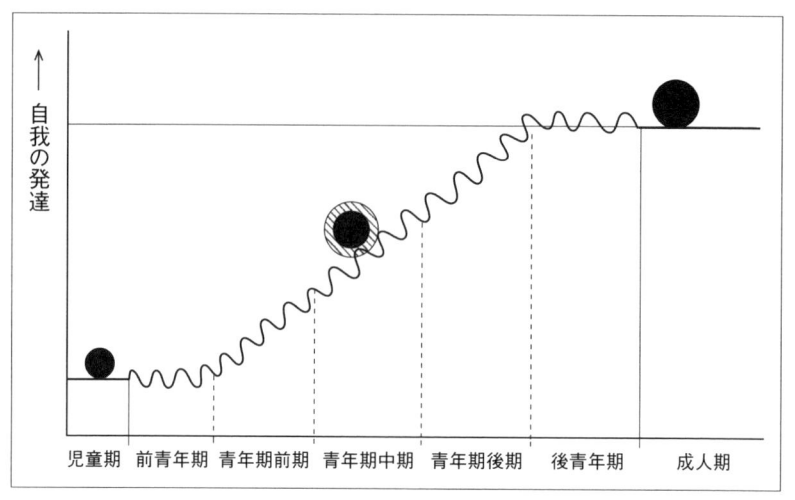

図 12.1　典型的な青年期 [46]

成人になってからの成長した自我への準備となる。

　だいたい中学生に相当する青年期前期には，いわゆる反抗期が訪れる。反抗期というのは，とりもなおさず親たちからの独立という発達課題の表現でもある。この時期には同性の親友が非常に大切なものとなる。これはこの時期にある中学生に聞いてもそう言うだろうし，その後の成長にとってもそれが言える。家族以外の対人関係の基礎になる。相手がどう考えているか，相手がどういう気持ちでいるか，それが真の意味で経験できるようにならなければならない。この時期の最大の発達課題だと言える。もう少し遅れてもいいが，この課題が達成されないと，簡単に言えば「人の気持ちがわからない人間」になる。それは独りよがりのわがままな人間という形で出るか，反対に人との距離をどう取ってよいかわからないという世間に対する不安という形で出る可能性がある。少女では異性の夢中になる対象が，同性の親友の代わりになることもできる。自我もますます不安定になり，ふくらし粉でふくらませたように，自分を過大評価してうぬぼれたりもする。逆に，ふくらませた部

分がしぼんでしまって，自分を卑下したりする。

　だいたい高校生に当たる青年期中期は青年期前期とは違って，少年も少女も異性というものが視野に入ってくる。少女では少年に比べて，異性に対しては青年期前期から少し準備ができている。少年では人間としての異性との人間関係に入る前に，イメージの上での異性，アイドルなどで発達という階段の段差を和らげることもしばしばある。青年期前期と同じように自我は不安定で，うぬぼれと卑下という膨張収縮をくり返しながら大きくなっていく。つまり適応していく。ときどき余ったエネルギーが自分に向いて，自己愛的になったり自己破壊的になったりする。親たちへの反抗という独立傾向は，やがて訪れる新しい自分の家族の形成という課題への準備を成している。

　青年期後期は，高校の後，成人するまでくらいに相当する。大学に進学している場合には大学生の時期，社会で活動している場合には，社会での自分の居場所がある程度確かになるまでの期間と考えられる。友人たちとはいろいろとはあるだろうが，何とかやっている。特定の異性とも付き合うが，葛藤をはらんだ関係で試行錯誤をくり返す。社会での自分の位置付けが大きな課題となる。どんな形で，どんな職業で社会に参加するかということで思い悩む。新しい自分の家族を作る見通しがつく。言い換えると以前の家族ユニットから独立できる可能性が見えてくると，強固に独立を主張する必要もなくなる。親たちも独立を願うようになる。そのため親たちとの関係は少しずつ良好になってくる。

　後青年期あるいは前成人期は，社会のなかで自分の位置付けが何とかできてくる時期に当たる。あまり葛藤なしに特定の異性とも付き合えるようになる。新しい自分の家族を築ける時期になる。この過程は，結局のところ30歳くらいまでかかる。

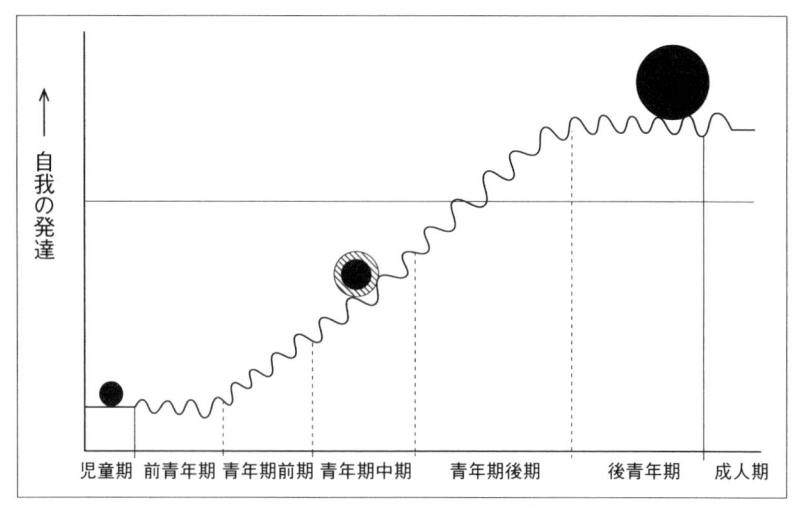

図 12.2　長びいた青年期 [46)]

2. 長びいた青年期

　正常範囲に入る青年期過程の1つのバリエーションとして，図 12.2 に示した「長びいた青年期」がある。青年期の状態が文化的な背景で延長されたものを言う。

　高学歴社会になり，一人前になるのに高学歴を必要とするようになった。明治，大正，昭和初期などは，小学校を卒業してすぐに働きに出る少年，少女が大部分だった。12歳すぎですでに一人前の働きを期待されていた。

　ところが今のように大学進学率が上昇すると，大学に行くのがかなり日常的になってきた。一般の人々にとっても，随分と一人前になる年齢が上がってきた。順調に4年制の大学に進学し卒業しても，就職するのは21歳とか22歳になる。このあたりで後青年期あるいは前成人期を迎えることになる。かろうじて20歳ころを境にするという「典型的な青年期」の範囲に入る。

　しかし最近は高度な専門的知識や技能を必要とする職業が増えてい

る。そのため，大学院に進学するとか海外留学するとかして，さらに能力を伸ばしてから社会に出るという人も少なくなくなってきた。

　例えば大学院の修士課程を卒業してから就職した場合，最短で23歳くらいになる。博士課程を終了してからとなると，人によって異なるが27歳くらいになる。普通なら20歳ころで後青年期あるいは前成人期を迎えるはずなのに，7年後ろにずれる。

　このように発達に関して，相当な年数を先延ばしした結果として何が得られるかというと，それは高度な社会に対応する自我，簡単に言って大きな自我ということになる。そしてこれも正常範囲のバリエーションと考えられる。

ケース46　いわゆる進学校の高校生

　朝夕の通勤電車で時間帯によって，いろいろな学校の高校生と同乗する。制服からどこの高校かわかる。

　そのなかにこのあたりで有名な進学校の高校生もいる。一般化はできないが，彼らは真面目な好ましい高校生に見える。そして表情が妙に幼く見える。彼らの大部分が有名大学に進学するのだろう。暦年齢からいって青年期中期に入っているはずだが，雰囲気からは中学生つまり青年期前期のように感じられる。

　おそらく「長びいた青年期」をすでに歩んでいるのだろう。通常なら年齢的に青年期中期に入るはずのところを，難しい受験という課題のために成熟を先に延ばし，まだ青年期前期にいるのかもしれない。そのことで彼らの独特な雰囲気ができるのだろう。

ケース47　学者として大成しない

　先輩の研究者から「大事な時期に女に走ると，学者として大成しない」ということを聞いたことがある。古い言い方で，今の時代には合わないだろうが，興味深い見解だと思われる。ここで言っている「大事な時期」と

いうのは，大学院の修士課程や博士課程あるいはそのすぐ後の研究者としての下積み時代を指している。

世間で皮肉をこめて「学者先生が……」と言うときのように，学者が本当に人間として成熟しているのかどうかはおおいに疑問だが，ある分野の専門的知識や技能を高度に身に付けないと成り立たない職業だというのは間違いない。ある意味で通常の自我を超えた大きな統合力を備えた自我を必要としている。

青年期中期から青年期後期にかけて異性を求めるというのは，配偶者を見つけて新しい家族を作るという，次にある発達課題を達成するための準備を成す。そして後青年期あたりで実際に新しい家族を作ることが多い。

新しい家族を作るという発達課題は，多かれ少なかれ自我の中間的な完成をもたらすようだ。簡単に言うと「固めて」しまう。柔軟性をなくす。「俺ってこんなもんです」などと居直るようになる。「僕はこれで世間でやっていく。この僕に合う女性を見つける」というパターンになって，「こんな僕じゃだめだ」という自我の変更や訂正を止めてしまう。

このことが別な側面にある「新しい考え方の吸収」を邪魔するようだ。するとこれからの発展に備えて，いろいろな考え方を吸収しなければならない「大事な時期」に，新しい見方，別な物の考え方を吸収できなくなるということにもなる。これが先輩の「大事な時期に女に走ると，学者として大成しない」という発言につながる。

もっとも柔軟性さえ失わなければ，いつまでも「新しい考え方」は吸収できるし，自我も大きくなれるので，一概には言えないだろうが……。

3. 短縮された青年期

正常範囲に入る青年期過程の1つのバリエーションとして，「長びいた青年期」とまったく反対の場合がある。図12.3に示したように，自我あるいはパーソナリティの分化を犠牲にして，成人の機能への可能な最短ルートを追求するのがそれに当たる。

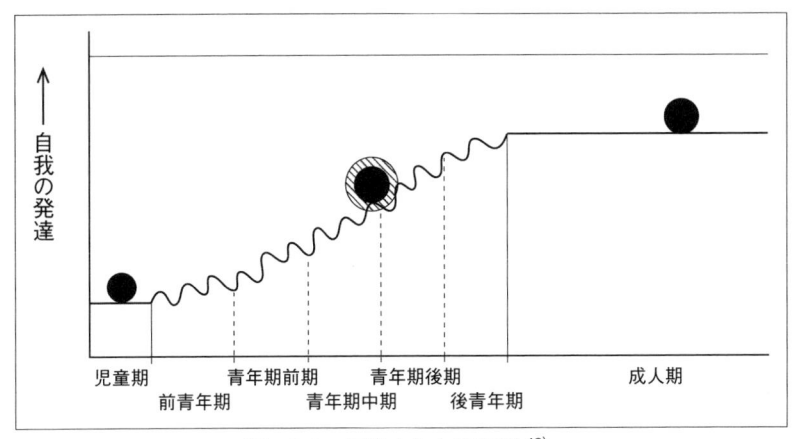

図 12.3　短縮された青年期 [46]

　昔は 15 歳で一人前になったと言われる。今の世の中でもそのようなことが起こる。高度の現代社会に無理に中まで入りこんで生きていかなくても，それなりの社会的機能は果たせるし，自分の家族を持つことができる。小さな身の周りの社会で自分の役割を果たしながら，一生をまっとうすることも 1 つの生き方と考えられる。この場合は自我の統合力が犠牲になる。複雑で広範な社会に対応できない自我となる。いわば小さい自我として生きる。

　例えば中学校時代もそんなに勉強に意義を見い出せず，親も勉強しろとかいい高校に入れとか，うるさく言わない。父親も自分の職業に対する考えから，仕事をするのにそんなに学問はいらないし，いざとなれば自分と同じ仕事をすればよいとも思っている。

　入れる高校へ入学したが，勉強は面白くなくほとんど理解できない。高校 1 年を終わるころには，成績不良のため留年を示唆されている。親と相談し，中退して親の仕事を手伝うことにする。同じように中退した仲間と車を改造して夜に遊ぶようになる。友人から紹介された 1 歳下の女の子と付き合うようになる。

　1 年を過ぎたころに子どもができる。両方の親も反対しないし，女の

子の母親も孫を待っているようなので，結婚して子を産むことにする。多少は親からの援助もあるが，何とか家族3人で暮らしていける。このような生き方だと，20歳そこそこで後青年期を終了して成人期に入ることになる。およそ10年くらい短縮している。

「短縮された青年期」では，中学時代に当たる青年期前期も，高校時代に当たる青年期中期も，非常に短縮されて経過する。そして配偶者を見つけて家族を持つ。

世界情勢とか日本経済の未来とかは難しすぎてあまり考えない。自分の仕事の将来性についても心配にはなるが，心配しても仕方がないので，何とかなるだろうし，そのときはそのときだと思っている。このような自我は自分の生きている周りのことについてはちゃんと理解しているし，その範囲で統合力を持っている。周囲の人間関係の処理能力もある。ただ大きい範囲の複雑な情報処理に関する統合力が限られている。きわめて正常な1つのヴァリエーションと言える。

ケース 48　あるタイプの女子高生たち

ケース47で述べたことのまったく逆のことを，朝夕の通勤電車で感じることがある。いろいろな学校の高校生と同乗するが，制服から高校がわかる。

女子高生では，短いスカート，茶色に染めた髪，薄いとは言えない化粧，ピアスなどが目につく。学校ですでにこんな格好でいることもあるし，下校時に変身することもあるらしい。こんなことを言うと彼女たちに怒られるだろうが，やはりこれらの自己主張は異性を意識したものだろう。

たぶん機会があればそれなりの異性と付き合うだろうし，それを望んでいるだろう。できるだけ自分の女性性をアピールして，よい異性，自分好みの異性と付き合いたいと思っている。青年期中期と後期を足早に過ごそうとしている。

「短縮された青年期」の1つの形だと言える。このようなメンタリティ

は，雰囲気にも現れる。一概には言えないが，女子高生によってはすでに「女の色気」が明瞭に出ている女子もいる。あるいは「おばさん臭さ」さえどことなく感じられる女子高生もいる。

以上の3つが正常範囲に入る。

II　正常から外れた青年期過程

どんな人でも自我ないしパーソナリティが完全なことはない。どこかにいびつなところを持っている。生まれてから青年期に入るまで，まったく問題なしに発達するということも，実際あり得ない。ただそれが度を越していて，青年期以降の発達に何らかの精神的問題をもたらすという場合もある。

1. 見せかけの青年期

図12.4で示した「見せかけの青年期」というのは，青年期あるいは成人期に神経症的な問題をはらみながら，経過する場合を指している。児童期の発達が不完全なために，青年期が児童期以前の衝動構成の1つ

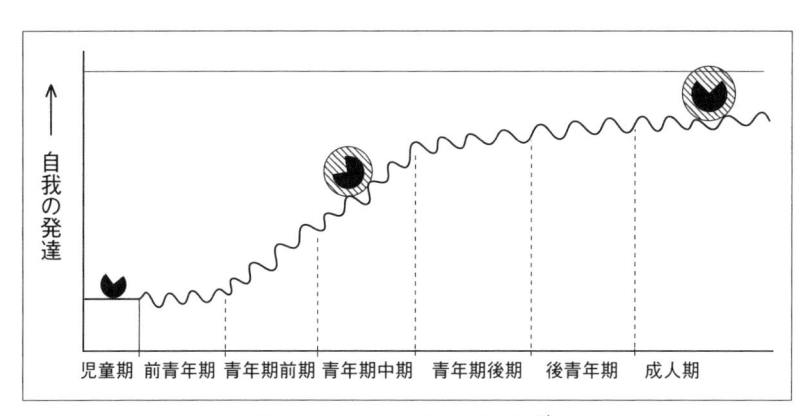

図12.4　見せかけの青年期 [46)]

を単純に強化した形で現れてくる。

　第2章のケース3で挙げた「強迫神経症」(p.7)の中学3年生の男子の場合，精神分析的な理論からは，幼児期の肛門期的衝動が再燃し強化されて，強迫症状になったと考えられる。

　第2章のケース4の「神経性食思不振症」(p.8)の高校2年生の女子では，一概に簡単には言えないものの，乳幼児期の口唇期的衝動が再燃し強化されて，拒食と過食という症状になったと解釈される。

ケース49　小学5年生の不登校女子 (山本, 2002)[48]

　小学5年生のS(女子)は女子ばかりの5人グループを作っていた。リーダー格のSは成績もよく，グループを仕切っていた。あることをきっかけに，グループの皆で1人を責めた。しばらくして今度は別の1人が責められることになった。こうして順番に責められてゆき，最後にSが責められることになった。自己中心的だとか，わがままだとか，いろいろと言われた。自分をすごくいいものだと思っていたのに，突然イメージを崩され，自己愛がぼろぼろに傷つき，登校できなくなった。不登校状態が3カ月くらい続いたところで相談を受けた。本人はほとんど来院せず，不定期に母親のみが相談に来た。

　こころがけたのは，本人よりも母親の不安を取り除くことだった。また精神的に落ち着くように本人が希望した大型犬を飼うことなどを勧めた。長期にわたる経過の後，放課後，教頭先生に会いに行けるようになり，6年の終わりころに少し登校し，中学は問題なく登校するようになった。

　不登校のなかでも，本人なりに何らかの理由を挙げ，登校することに対して拒否的な態度を持ち続けるものは，とくに登校拒否と言われた。家庭から離れることにとりあえず不安はないが，学校場面では不安が強い。問題の中心は，学校状況への不適応と考えられるが，深いところで母子分離不安の問題が絡む。

　もともと母子分離に対して本人も，さらには母親自身も不安を持ってい

た。うまくいっている間はそれが表面化しなかった。友人から責められたのと，前青年期に入ったことによる不安定さから，埋もれていた母子分離不安が一挙に再燃した。そして不登校状態に陥った。ここでは，それ以前の完全癖も災いしている。完全癖もある意味で，柔軟性を欠いたそれ以前の不完全な自我の発達と言える。そのため自己像が脅威にさらされて，どう対処してよいかわからなくなり，安全な家に引きこもってしまった。

学習障碍（LD）の概念は主に米国で発展した。米国では外に現れた症状を中心に考えるのに対し，ドイツの精神医学では原因からできるだけ捉えようという努力が成された。

多動とか集中力の障碍などは，脳損傷の部位に無関係に現れる非特異的な症状とみなされた。認知機能の障碍に対しては，一部の認知機能が障碍されているという意味で部分能力障碍（Teilleisutungsstörung）と言われ，視覚的部分能力障碍，聴覚的部分能力障碍，触覚－運動覚的部分能力障碍などに分けられ，それらの情報処理の面から考えられた。これは米国で言う学習障碍（LD）に相当する。

レンプ Lempp, R. はさらに，偏った情報処理がその子どもにとっての周囲環境の把握に質的な変化を引き起こし，それが子どもの神経症（ノイローゼ），行動障碍あるいは非行などの問題行動の発生基盤になると言った（1978）[28]。

学習障碍（LD）による二次的な情緒障碍という問題をもう一度考えてみる必要があると思われる。

2. 外傷的青年期

図 12.5 は，少女の非行などで典型的に見られる退行的行動化の場合を表している。放棄されなかった幼児期の本能的機構が青年期の開始とともに出現する。例えば第 8 章のケース 33「援助交際」（p.63）で示した中学 2 年生の女子がそれに当たる。

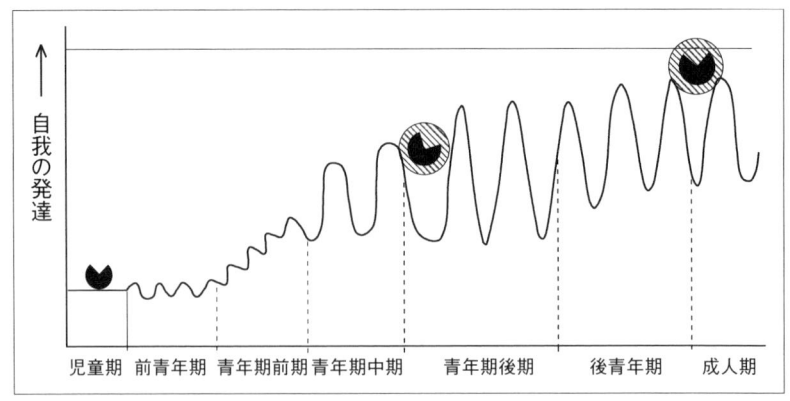

図 12.5　外傷的青年期 [46]

　青年期の訪れとともに自我が不安定になり，ある部分で退行する。この少女の場合には，おそらく早期の母子関係に問題があり，ある程度の距離をおいて母親と接することができない。母親への関係に距離を置けず，母親と人間関係を持とうとすれば，距離が消滅して呑み込まれるような恐怖，不安を感じてしまう。母親に対する強い反抗とともに，呑み込まれる不安を防衛するために，成人の男性を間に入れて恐怖を和らげる。しかし人間的な愛情を伴う関係ではもちろんない。発達して異性と関係を持つのではなく，退行しているから前へ進まない。

　性器期（エディプス期）がうまく通過できていないため，青年期に入って，性器期（エディプス期）以前の母親イメージ，前エディプス的母親が現れてきて，それに恐怖する。

　少年の場合には第 8 章の前青年期のところ，あるいは第 8 章のケース 32「ナイフ，モデルガン」(p.63) で述べたように，このような前エディプス的母親は，ペニスを持った母親，男根的母親 phallic mother などとしてイメージされるように思われる。そして少年のペニスを切断しようとする。それを守るために，ナイフやモデルガンという男性性に頼ろうとする。

外傷的青年期がより激しい形を取ると，いわゆる「境界例」あるいは「境界型パーソナリティ障碍」という診断の病像に該当するようになる。

> ケース50　**自殺企図をくり返す少女**（山本，1988)[47]

15歳の少女が不眠，不安，幻覚を主訴に受診した。不良仲間に属して，シンナーや喫煙，万引きもしていた。グループから抜けようとして脅され，それから症状が出てきた。生育歴にもいろいろと問題があり，母親は離婚を2度していた。週に1度受診して，合計100回以上面接した。

幻覚は統合失調症によるものではなく，解離性障碍からくるものだった。ちょっとした母親とのやりとりから，家で暴れてガラスを割ったりした。だんだんと不登校状態となった。ボーイフレンドとも付き合う。昔の嫌なことを思い出して，またシンナーを吸ったりした。死ぬと言って処方した向精神薬を全部飲んだりした。家が嫌だと，しばらく友人のところへ家出したりした。衝動的に手首をカッターナイフで切ったりした。ずっと会っていなかった実の父親に会いに行ったりした。女の友人と機嫌よく遊んでいたりすることもあった。そうかと思えば，ボーイフレンドのところでシンナーを吸っていたりした。せっかく入学した高校も続かずに辞め，そのうちに喫茶店で働き出した。このときはかなり長続きした。しかしまた嫌になり辞めた。

このようなことをくり返しながらだんだんと落ち着いていった。

このケースは典型的な青年期境界例あるいは境界型パーソナリティ障碍と考えられる。図12.5で示したように，結構適応的でよいときもあれば，その次にはまったく統制が取れず，行動化に走る。この大きな上下の波をくり返しながら青年期を経過した。

3. 遷延された青年期

図12.6で示した「遷延された青年期」は，普通一時的なものである青年期状態に静止したまま固執している。いつまでたっても青年期後期

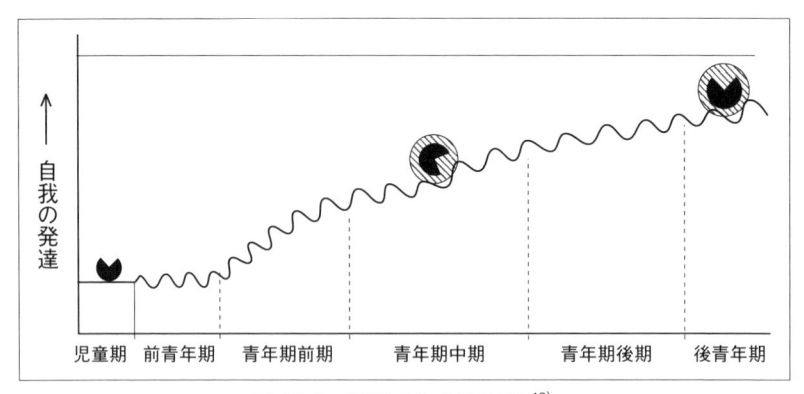

図 12.6　遷延された青年期 [46)]

か後青年期が続く。

　第 11 章の後青年期の「モラトリアム」(p.98) のところで述べたように，青年期から後青年期は「自由な役割実験を通った個人が，社会のある区分のなかで適所を見い出す期間，すなわち明確に規定され彼のためにふさわしく作られたように見える適所を見い出す期間」で「心理・社会的モラトリアム」とエリクソン Erikson, E.H. は言った (1959)[6)]。「遷延された青年期」では一見この「モラトリアム」の長引いたように見えるが，いつまでたっても成人期が訪れず，社会のなかに居場所を見出せないでいる。

　例えば，映画『男はつらいよ』の主人公の「フーテンの虎さん」のように，いつまでたっても青年のようなデリケートさを持ち，青年のような恋をし，社会的に定まった役割を持たない。映画ではユーモラスに描かれているが，あちらこちらで問題を起こす。個々のケースによっては，図 12.2 の「長びいた青年期」と区別が付かないくらいよく似ていることがある。そのときには経過を見ないと明確なことは言えないだろう。

| ケース51 | 職が定まらない |

　T（男子）は非行をするわけではないが，中学校時代も不登校がちだった。怠けを伴ったいわゆる「怠学」に当たる。高校へ進学する意欲もあまりなかったが，とりあえず学校側が勧めるので，定時制の高校へ進学した。昼間は父親のやっている左官業を手伝うことになった。定時制高校はすぐに行かなくなった。

　初めの1年くらいは父親の仕事を怠け怠け手伝っていたが，そのうちに朝に起きられなくなり，だんだんと行かなくなった。両親とくに母親がそのことをなじると，食ってかかった。夕方起き出して，パチンコなどに出かけたりして過ごしていた。

　そんなことをしながら1年くらいして，かなり年上のすでに結婚していた姉が心配して，知り合いの立ち食いうどん屋に働くように手配した。うってかわって生き生きとうどん屋の仕事をした。

　しかし数カ月してまた休みがちとなった。姉も紹介した以上，やかましく仕事に出るように言ったが，だんだんと続かなくなって結局辞めた。Tはまたもや家でぶらぶらすることになった。

　しばらくして父親が病に倒れ，1年もしないうちに亡くなった。左官の仕事はある程度職人としてできるので，父親の仕事仲間が誘ってくれた。しっかりとではないが，仕事をするようになった。しかし今度は母親が病気となり，父親が亡くなってから1年あまりで後を追うように亡くなった。またTは働かなくなった。

　1人暮らしになったので，食事もいい加減なものとなり，外食が中心となった。飲酒量が増えた。生活費は親が残したお金で何とか切り回していた。姉がいろいろと心配し，父親の知り合いを頼って左官の仕事を紹介した。不定期にときどき仕事には出ていた。しかし家でぶらぶらしていることのほうが多かった。

　そんなことを何年かしていた後，過度の飲酒のため肝臓を悪くして内科病院に入院せざるを得なくなった。このときにはすでに30歳を越えてい

た。入退院をくり返し，その間はときどき仕事をしていた。やがて内科からアルコール依存症専門の精神科病院へ移ることになった。

このようなケースは自分では問題を感じていないかのように見える。周りは何とかしたいと思っている。大人になりきれない。成熟が停滞している。ついつい周りは本人を責めたくなる。責めるとたいてい人のせいにする。世のなかのせいにする。

問題の中心部分に，責任感や集中力，持続力などを含めた意味で，実際に世間が要求する能力が本人にないということがある。能力的に低くてもできる仕事をするかといえば，プライドがあるのでしない。体裁や格好ばかり気にする。結局は折り合いがつかず，世のなかで居場所がない。

4. 失敗した青年期

これは現実との接触の喪失と特別な学習の崩壊により，統合失調症などに身を委ねる場合を指す（図12.7）。

統合失調症の原因はまだわかっていない。現実との接触が著しくうまくいかなくなって，現実と合わない考えを持ち，それに反するようなことがあっても修正しないし，周りの人がいくら言っても訂正しないようになる。すなわち妄想を抱くようになる。そして自分だけの世界に閉じこもる。場合によっては幻覚，たいてい言葉が聞こえてくるタイプの幻覚である幻聴が生じる。

統合失調症は青年期に発症することがかなりある。そのときには青年期の過程そのものが崩壊してしまう。

第7章のケース17「被毒妄想で食事を拒否した少年」（p.45），第8章のケース22「自分の言ったことで，みんな怒っているのではないか」（p.53）がこれに当たる。

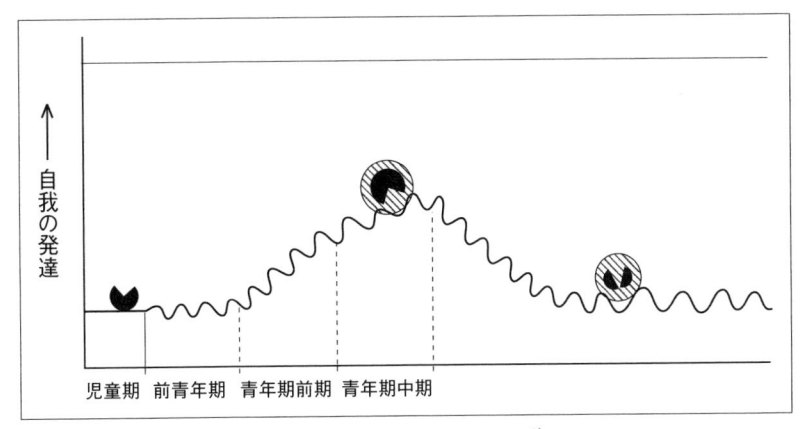

第 12 章　青年期過程のいくつかの行路　　117

図 12.7　失敗した青年期 [46]

第13章

青年期の葛藤を軽減する可能性

　青年期の過程は，環境からの働きかけによって，危機的な状態を和らげることができる。単純に分けて，2通りある。
　1つは，有益な働きかけを取り入れることで，もう1つは，有害な働きかけを遠ざけることである。

I　有益な刺激を取り入れること

　青年期の葛藤は，有益な刺激を取り入れることで，随分と和らげられ，危機的状況を脱することができる。
　これまでもいくつものケースで挙げたように，仲間との友好的な関係，あるいは，クラブの先輩とか学校の先生など家族以外の人，指導者との同一化などを通じて得られる。アルバイトなどは，成人と同等に仕事をできるという実験の機会として，多くの場合，有効に作用する。
　これまでのケースを振り返って，この観点から述べてみる。

1．前青年期

　有益な刺激を取り入れることで，青年期の過程が和らげられることは，基本的に青年期のどの段階でも可能である。それは青年期前期，12

〜14歳くらい，だいたい中学生に当たる時期にもっとも著しい効果を上げる。

しかしすでに前青年期，10〜11歳，小学校高学年に相当する時期でも，重要なことになる。この時期はいわゆるギャングエージ，徒党時代に当たる。その危険なことをしたり，冒険をしたりを通じて，互いに傷ついたこころを通い合わせ，「自分だけではない」ということをわかり合って，癒されていく。それがよく現れた映画に『スタンド・バイ・ミー』がある。

ケース12　『スタンド・バイ・ミー』(初出：第7章p.40)

この時期の少年の友情を表した映画に，ロブ・ライナー監督の『スタンド・バイ・ミー』がある。ミステリーで有名な米国のスティーブン・キング原作の少年たちのドラマである。

1959年夏，オレゴンの小さな町に，文学少年ゴーディ，ガキ大将のクリス，無鉄砲なテディ，ふとっちょのターン，という仲良しの12歳の4人がいた。彼らは社会や自分の親にさえ存在を認めてもらえない。家庭や将来について多くの悩みを持っていた。

ある日ターンが，行方不明と報道されている少年が列車にはねられ野ざらしになっているという情報を，兄と不良仲間が話しているのを盗み聞きした。死体を発見すれば有名になって認めてもらえると，4人は目を輝かし，20マイルの未知の旅に出かける。小さな町しか知らない4人にとってそれは大冒険だった。次々と危険な目に遭いながら野宿もし，2日目，遂に彼らは死体を発見した。だがそこへ突然，同じ目的でやってきた不良グループが襲う。少年たちは敢然と反撃し気迫で彼らを撃退する。少年たちは結局は匿名で，死体のことを警察に電話する。4人は町に戻るが，町もそして彼らも2日前とはどこか違っていた。

親にさえ冷たくされても，自分の存在を認め受け入れてくれる友人さえいれば，どんなにつらくても，生きてみようかと思える。

彼らの親は，アルコール依存症であったり，いろいろと問題がある。彼ら自身にはとうてい解決できない。これで自分が傷ついているということさえ，友人にも言えない。

こういう場合，問題なくこの時期を過ごしている友人よりも，似た問題を抱えて傷つきくじけながらも，がんばりながら生きる友人とわかり合い，「こんな僕でも」と思いながらも受け入れてもらえることのほうが，ずっと癒されるのは，言うまでもないことだろう。

前青年期の少女たちでは，いくぶん違った姿を取る。典型的には少年たちが外で交流するのに対し，少女たちでは内で交流するように思われる。基本的なところは内面の交流，こころの交流で同じなのだが，児童期から前青年期に入って，活動する範囲が男女で分かれるために，外見上，違って見える。

| ケース13 | 少女たちが部屋にこもる（初出：第7章p.41）

私の妹が小学6年生の頃，幼稚園時代からの友人とよく部屋にこもっていた。お菓子と飲み物を持って，「絶対に部屋に入らないで」と皆に言い残して，2人で何時間もこもっていた。何をしていたのかわからない。部屋にテレビもない。話をしていたのだろう。そのうち部屋から出て，屋上で2人，近所の目もはばからず，当時はやっていたピンク・レディーの歌を大声で歌っていた。カラオケもない時代だった。

児童期の子どもたちでは，おおむね自分の家庭と他の子どもたちの家庭との違いについては，それほど関心がない。自分の家庭のあり方がすべてで，それがひょっとすると普通ではないとか，他の子どもたちの家庭と違っていても，自分の家庭のほうが本当だと思っている。ある意味で自己中心的である。

ところが，だんだんと他の子どもたち，他の人たちの考えが取り入れられるようになる。幼児期の発達で自己中心性の脱却，あるいは「心の

理論」が獲得される。青年期ではそれだけに終わるのではなく，さらに具体的な生きた内容を伴った自己中心性の脱却がなされなければならない。だんだんと青年期を経て成人になっていく過程で，自己中心的なあり方から離れられるようにならなければならない。

内容を伴った自己中心性の脱却の手がかりとなるのが，友人の考え方を具体的に知り，意見を交わし合うということであろう。学校の先生から一方的に教えられるというのではなく，試行錯誤して友人と感情や感覚をも含めて，意見交換をしなければならない。

「自分はこう思うけれども，あなたはどう思う？」とか，「自分はこう感じるけれども，間違っている？」と，尋ね合うことである。こんなことを通じて是正されていく。だんだんと一般的な考え，感じ方を知るようになる。

2．前期青年期

世間の一般的な考え，感じ方を知ることは大切である。テレビなどマスコミで言っているのがすべてではなく，身近な友人がどのように考え感じているかを知らなければならない。

前青年期から前期青年期，小学校高学年から中学校に入るころには，だんだんと一般的な考えや感じ方を知るだけではなく，自分が世間あるいは友人からどう見られているか，どう感じられているかが，非常に気になってくる。自意識過剰になってくる。そのあたりのアンバランス，偏りを修正してくれるのも，友人との交流である。男子ではほとんど同性の友人を通じて行われる。

ケース21　親友（初出：第8章p.52）

小学校5・6年のとき，私はほとんど毎日，I君という友人と遊んでいた。中学に入るとクラスが替って，それほど遊ばなくなった。特に仲違いしたわけではない。彼が運動クラブで忙しくなったことも関係している。

すると，以前から塾で知り合っていた別な小学校から来たJ君と今度はよく遊ぶようになった。J君は社交家で面白いと評判で，ある意味で私と反対の性格だった。

　彼は日曜日などにもふらっと来て，近くの商店街を何度も往復しながら，何時間も話した。あるいは，近くの公園のブランコなどに乗りながら，夜遅くまで話していた。何を話していたのか，今となってはさっぱり記憶がない。そんな付き合い方が中学校時代を通じて続いた。

　今でもよく覚えているのだが，J君は社交的で，他にも数人の親しい友人を持っていた。その友人の話題が出ると，何かヤキモチに近いものを感じた。どっちのほうが友人として優位にあるかなどと，不安のような競争心のようなものを感じた。

　別な高校に入って，それぞれその高校で友人ができたが，ときどき思い出したかのように，来たり行ったりして，やはり何か話していた。今もずいぶんと疎らになったが，付き合いは続いている。

　児童期では，友人から見て自分がどんなふうに見えるかは，多少は気になるものの深刻な問題になりにくい。ところが前青年期に入ると，自分が「いい友人」か，「かっこいい」か，とても気になる。反対に「つまらない奴」，あるいは「嫌われもの」ではないか，そんなことに悩む。

　この時期には，勝手に「やはり本当は嫌われている」，「あの言葉で傷つけてしまった」と，夜になると思い悩んでしまう。確かめることができない。不安で不安でしかたがない。明日はきっと無視されるにきまっていると，決めこんでしまう。被害的な考え，あるいは妄想に近いものになってしまう。ところが，明日になれば，その友人は普通に挨拶してくれて，接してくれる。不安が一気に飛んでしまう。極端になった思いこみが是正される。

　このような経験は，不安状況の脱却となる。極端な考えに走らないですむ基礎となる。そして後に成人になっても「あのときの思いこみは，

思い過ぎだった。今度も思い過ぎに違いない」という教訓に生かされ，精神的にバランスを欠いて妄想的になったときにも元のバランスに戻す内部メカニズムとなる。そしてそれはパーソナリティの一部となり，安定したパーソナリティ形成に役立つ。

前期青年期の少女でも，典型的には女子同士の親友関係で，有益な刺激が与えられる。ただ少年と違って，憧れの的となった男性との関係でも，同様のことがなされる。

ケース30　バスケットボール部の顧問 (初出：第8章 p.60)

中学のとき，女子生徒たちがバスケットボール部の顧問の若い男の先生のことを好きだと言っているのをよく聞いた。もちろんその生徒たちは，バスケットボール部に属している。中学生ながら，どうも彼女たちが，単なる憧れを通り越して，本当に恋愛感情を持っているのがわかった。

私が好きな女子生徒は彼女たちのなかにはいなかったのに，奇妙なヤキモチを焼いたのを覚えている。「先生は，大人という立場を利用してずるい」とも思った。今になって冷静に考えれば，あまり意味のないヤキモチである。

前期青年期，中学生くらいの少年，少女が，同性の同級生，クラブの先輩などに憧れるとよく言う。これは少年にとっても少女にとっても，取り入れの対象となる。「自分がこうなりたい」，「こうであればいいのに」というその模範例を見せてくれる。

ところが少女ではこれが異性にまで及び得る。男子中学生が女教師とか女性アイドルに憧れるのはよくある。ところが少女の場合，そのような憧れを通りこして，ブロス Blos, P. の言う「夢中 crush」の対象となることがある（1962）[3]。これは異性に対する微妙な憧れと違って，取り入れの対象となる。

少年が女性的傾向を恥じて，なかなか女性を自分のなかに取り入れる

ことがこの段階では難しい。女々しくなるという不安に耐えられない。しかし少女では，お転婆であることがあまりネガティブに評価されないように，前青年期，前期青年期を通じて，男性的傾向を恥じる傾向が比較的乏しい。

したがって，異性の対象に同一化し，内に取り入れることができる。「夢中」の対象である異性にふさわしい女性になるという形で，女性性を自分のものとすることができる。「夢中」の異性に対応する理想的な同性と自分とを同一化するである。そしてその理想像に近づこうと，努力する。

さらに「つまらない自分」，「欠点ばかりの自分」でも，異性が認めてくれれば，それが有益な刺激となる。自分を肯定的に捉え，否定的な自分を含んだ上でのより統合したパーソナリティの発達につながる。

3. 有益な刺激で危機的状況を脱すること

上で述べたのは，微妙に傷ついた前青年期と前期青年期の少年少女が，主に友人関係を通じて，その葛藤が和らげられるということである。ここでは，さらにもっと傷ついた少年少女が，友人関係によって葛藤が和らげられ，正常とは言えない状態から脱するということを述べる。

| ケース6 | 不登校からの立ち直るときの「友人」(初出：第3章 p.18) |

中学2年生のE（男子）は，中学1年の2学期からほとんど登校していない。小学校のころから，週に1～2日程度休むような習慣がついていた。中学に入って初めのうちは，今度こそちゃんとやろうと張りきっていたが，それも1学期のうちだけで，2学期も半分以上休み，3学期になってからは，始業式に行ったきりで，それからは登校していない。中学2年になってからも，4月の始業式から数日登校したが，その後は行かなくなってしまった。

常に担任やクラスメートは，プリントなどの配布物を持って家を訪問していた。Eは気が向くと出てきて話した。5月の遠足の話題に乗り気なので，拒絶を覚悟で担任と仲間になれそうなクラスメートとでかなり強引に誘った。すると，Eは遠足に参加した。担任や生徒指導教諭，保健室の養護教諭と申し合わせて，これからは保健室登校でどうかと話し合った。それ以来，Eはぽつりぽつりと保健室登校をするようになった。保健室で勉強することはあまりなく，ほとんど養護教諭と雑談をしていた。しかし，毎日登校するようになると，ある意味で養護教諭も精神的に負担になってきた。そこで書類整理や印鑑つきなどの事務的な雑務をもらってきてさせることにした。だんだんとそれも飽きてきて，1学期の終わりころには，ときどきクラスに顔を出すようになった。

　この時期に次のような問題が生じた。同じクラスのF（男子）は，家庭的な問題もあり，非行傾向があった。たまたま家が遠くないということもあるが，EはFと付き合うようになった。Eの親は非行の道連れになるのではないかと心配した。しかし抑えていた。やがて，もっと困ったことが起こった。EとFはほぼ毎日，連れだって登校するようになっていて，親も喜んでいた。しかしときどきFの怠学傾向に引きずられて，朝，EがFを誘いに行って，Fの体調が悪いとか，気分が優れないと，EはFの家で登校せずに，一緒に1日中いることがあった。このことで，Eの親はFと付き合うのを止めさせようとした。せっかく不登校から立ち直ってきているのに，Fが足を引っ張っていると考えたのである。

　担任，養護教諭，生徒指導教諭が，Eの親を次のように説得した。やっと友人ができて，学校に馴染もうとしているときに，親が邪魔をするのは，逆効果ではないか，ここは小さなことよりも，長い目で見てはどうかと，考えを伝えた。しぶしぶ親も納得し，少し様子を見ることにした。

　Eは学校へ行かないときにアニメの漫画をよく描いていたが，運動会の応援用看板にその能力を発揮し，クラスの皆から一目置かれることになった。これに自信をつけ，しっかり登校するようになった。中学3年になっ

て，Fとの友情も続けながら，別な友人もでき，元気に登校するようになった。Fの登校は家庭的な問題もあり，ペースが変わることはなかったが，Eがそれに引きずられることもなくなった。そして，Eは高校へ進学した。

　不登校に陥って傷ついていたEにとって，青年期の過程でFは同じように傷ついていた。傷つくテーマはそれぞれ違っていたが，2人とも傷ついていて，健康に中学生活を続けているかに見えるほかのクラスメートにはなじめなかった。EとFは傷ついているという共通点で，お互いを認め合うことができた。皆が当たり前と思っている，登校するということさえままならないということをわかり合える，唯一の友人同士だった。
　親たちにとって，Fは非行というレッテルを貼られていて，友人としてよくないと思われた。しかし本人たちにとっては，かけがえのないわかり合える友だった。真にわかり合えるというのが，何よりも有益な刺激である。学校の適切な介入によって，親たちの心配からくる邪魔をしばらく抑止でき，彼らの立ち直りを待つことができた。
　興味深いのは，EがFとの友情を続けながらも，次の学年で自分に合った友人を見つけたことだった。そして，Fもそれで嫉妬することなく，Eとの関係を続けながら，自分の道を見つけた。時間とともに，同じでありながら，違うということがわかり合えた。成熟した人間関係への一歩だと思う。
　次のケースはもっと重い青年期の障碍である，俗に言う「拒食症」，正しくは「神経性食思不振症」が，友人関係のなかで癒されていく過程を示している。

ケース20　拒食症（神経性食思不振症）（初出：第8章 p.50）

　中学2年生のH（女子）は，標準体重をはるかに割り，ガリガリになっ

て入院した。

　小学6年生以来あった月経も止まった。少ししか食べず，体重が増えることを恐れた。骸骨のような自分の風貌を苦にするでもなかった。成績はよく，クラスの副委員長をしていた。本人曰く，食べられないと言う。家族内の対人関係の問題もあるとも思われたが，それよりも長期入院によって，級友から，学業のみならず人間関係も含めて遅れることが二次的に悪化させるという考えから，早期に退院させた。

　少し体重が戻ったところで，復学させ，「とにかく，遊べ」と言った。遊ぶことによって，普通の中学生が体験するリラックスした人間関係を獲得させるようにした。両親にもこのことの趣旨を説明し，邪魔をしないようにさせた。

　しばらくして過食状態に移行し，肥満になった。拒食から治る過程で「過食」に入るのは当然だと説明し，そのコントロールを課題とした。

　友人たちとお菓子を買って，部屋にこもって話をして食べ続けたりした。他の友人も同じように食べて太ることを気にしていることがわかった。

　また，休日には友人たちと繁華街でいろいろと遊び続けた。ありがたいことに，友人たちにも本人にも非行は全然なかった。普通の中学生が休日を過ごすやり方だった。

　やがてHは，「遊ぶ時間がもったいない」と通院しなくなった。母親に「それは結構なことだ」と説明し，母親から状況を聞くだけになり，そのうちにそれも打ち切った。

　これも病的な状態から復帰したときに，自分が病的で皆から外れていると感じていたのでは，いつまでたってもクラスに入れない。ところが，運のよいことに友人たちが何人もでき，いっしょに遊ぶようになった。

　このときも，親たちは遊んで勉強をあまりしないということを責めようとした。しかし，それは本人にとって，薬よりも一番必要なものを取

り上げることになると説得した。母親も父親も何とか納得してくれて、しばらく見守ることができた。

本人は「肥満恐怖」が自分だけではなく、健康だと思っていた友人たち皆にあるものだとわかった。病的だと思っていたものを、健康である友人たちと共有できた。そして、皆のなかへ入っていくことができた。このことが何よりも有益な刺激で、薬だった。

4. 性的葛藤を和らげること

青年期の性的葛藤は、友人たちの同様の経験を知ることで随分と和らげられる。このようなことは、ごく一般的に知られてもいるし、語られもする。これも有益な刺激と言えるだろう。

青年期、とくに前期青年期、中学校くらいでは、同性との親友という関係が、友人という枠を越えて、同性愛的な関係に入ることもある。これも通常ではないが、正常範囲のなかに入ると考えられる。

ケース27　ホモごっこ（初出：第8章 p.59）

ずっと以前に勤めていた病院で、ベテランの女性心理士から次のような話を聞いたことがある。

あるとき小児科病棟の看護師長が、血相を変えて相談に来た。それは小児科病棟の男子の間で「ホモごっこ」がはやっていて、「どうしたものか」とのことだった。何でも小学校高学年から中学生の間の少年たちが、裸でベッドの布団に潜り込んで、何やらごそごそしているという。

心理士は「放っておきなさい」と返事をしたらしい。看護師長はあまり納得していないようだったらしい。

このケースでは、看護師長は異常と考えて、何らかの対応をしなければならないと思った。ところがベテランの心理士は、正常範囲に入れておくべき男子の一種の遊びと考えた。このような遊びが頻繁に行われて

いるとは思えないが，遊んでいる少年たちには，そのような欲求があったのだろうし，それを共有することで，青年期の性的葛藤が和らげられたと言えるだろう。

次のケースでは，もう少し過激になっている。しかしブロスも青年期の相互のマスターベーションを異常とは扱っていない（1962）[3]。

ケース28　相互のマスターベーション（初出：第8章 p.59）

高校のとき，次のような話を聞いて驚いたことがある。

友人の友人であるN君は，私とも友人とも違う高校に行った。そこで新しい友人ができた。その数人の友人が集まって，昼間，親のいないときに，皆で裸になり，相互に身体や性器を触り合ったりする。そして，精液の飛ばし合いをするのだと言う。話を聞いて，当時の私は「気持ち悪い，変だ」と言った。友人も判断に困っているようだった。

その後，N君は健全な普通の成人になっている。この時期の一過性のものだった。多少は逸脱気味だが，サリヴァン Sullivan, H.S.（1953）[43] やブロス（1962）[3] の言うように，正常範囲に入る1つのヴァリエーションと考えたほうがよいだろう。

II　有害な刺激を遠ざけること

青年期の葛藤を軽減するもう1つの可能性は，有害な刺激から遠ざけることである。

青年期に至るまで親ないし身近な周囲から，あまりにも有害な刺激を与えられ，逸脱した発達をしていく場合には，それから遠ざけることによって，逸脱した発達を防ぐことができる。

ただし，よい同一化の機会があるほうが望ましい。これは，青年の学校の寄宿舎，青年仲間の特別の文化グループ，特殊な考えや好みを持つ成人グループなどによって可能となる。

1. 空間的に有害な刺激から遠ざける

ケース52 施設入所で改善した例

 遷延化している不登校のために，中学2年生のU（女子）が，母親に連れられて受診した。不良仲間に入っていたが，自分からこれではいけないと，付き合いを断った。するとあからさまにいじめられ，登校できなくなった。

 母親も離婚を2度しており，生育歴にもいろいろと問題があった。不良仲間との関係も問題だが，母子関係も問題だった。情緒障碍の子どもたちをしばらく預かってくれる施設のことを，本人と母親とに説明した。しばらく考えてくるとのことで，次の受診のときには2人で見学に行くと言った。2人とも納得したので，手続きを取るように勧めた。

 Uは施設に入所して，施設職員の温かいケアもあって，落ち着き，生活も規則正しくなった。いろいろと話し合う仲間もでき，半年くらいの予定だったが，無理を言って結局中学卒業まで入所していた。

 退所後も，ときどき思い出したように，そこを訪れ，職員と話したりしているそうだ。

 このケースでは，有害な刺激として不良仲間がある。しかし不登校になってずっと家にこもっているので，母子の情緒的関係がますます悪化していた。これも有害な刺激と考えることができる。

 それらから遠ざけて，施設での仲間，職員との交わりのなかで，だんだんと健全な方向を見い出し，情緒的にも安定してきた。そして，この施設での生活は，本人にとってよりどころとなった。

2. 退行への防衛

 母子関係に問題があるとき，前青年期や前期青年期に，古い対人関係に戻って退行し母親に呑み込まれるような恐怖を感じるということがある。精神的にかなりの危機状態に陥る。こうしたとき，少女ではしばし

ば性的非行という形を取る。

ケース33　援助交際（初出：第8章 p.63）

　かなり以前に，ある中学2年生のO（女子）が母親に連れられて私のもとを受診した。理由は大人の男性と関係を持って，おこづかいをもらうので，止めさせたいとのことだった。そのころは「援助交際」という言葉もなかったし，こんなことがはやっているとも聞かなかった。離婚して父親はいない。

　本人と話してみたが，パーソナリティ形成にそれほど歪みがあるとも思えなかった。この件について，本人はよくないとも思っているが，さほど真剣味がない。医療的治療の対象でないような気もしたし，はっきり言ってどうしてよいかわからなかった。とりあえずしばらく受診してもらって，本人の話を聞いた。

　おざなりのようだが，援助交際を止めるように言った。実際，受診するようになってからはしなかったように思われる。そのうち母親は，そのようなことに誘う友人が悪いと言って，関係を切るために，実家のある遠方に引っ越した。

　Oの場合，父親がいないとか，友人が悪いとか，いろいろ理由が付くだろう。本当にそれが理由であるのかどうかわからない。お金が欲しいというのはあるだろうが，Oが好きこのんで，交際をしているとも思えなかった。もちろん，不特定な男性と性的関係を持つことが好きなわけでもなかった。当時，ブランド品がはやっていたわけではなく，それほど欲しくてたまらないものがあるとも言っていなかった。やむにやまれず，あるいは逃げているような感じだった。何か不安を紛らしているか，目の前の不安を麻痺させているような印象を受けた。

　おそらく，古い母子関係に問題があるため，退行して太古的母に呑み込まれることを恐れ，成人の男性と関係を持つことで，抵抗しようとしたのだろう。しかし，精神的に男性性を取り入れることと，実際に男性と性的

関係を持つこととは異なっている。

　このケースでは，本人や母親からは聞いていないが，たぶん早期の母子関係に問題を持ちながら青年期に至った。そして次の対人関係のステップに入ろうとした。いわば足元が不安定になった。通常なら母親から独立するということを反抗するという形で表現して，関係を別な方向へ向けるだろう。
　その時点で，新たな対人関係に入るべく，以前の対人関係を再点検しているうちに，本人側の精神的問題から早期の母子関係を蒸し返してしまったのだろう。母親がこのとき無理に引き寄せたわけではないと思われる。本人が早期の問題ある母子関係を再燃させ，退行しそうになった。早期の太古的母に呑み込まれる恐怖を感じた。それを外から引っ張ってもらうことで逃れようとしたのだろう。そして成人の男と関係を持つことで，抵抗しようとしたのだろう。真に精神的に男性性を取り入れることと，実際に男性と性的関係を持つこととは違う。
　精神的危機を回避するために，やむにやまれず動員された性的逸脱行為だろう。こうしたことを断つと同時に，発達相応の有効な同性との友人関係がなければならない。そうでないと，再び不安定になり，精神的危機に陥る。
　少年でも同様の危機に陥ることがある。しかし違った形を取る。

ケース 32　ナイフ，モデルガン（初出：第8章 p.63）

　随分と前に，男子中学生が「ナイフ」を所持するのがはやった。何でもテレビの主人公が「バタフライナイフ」というものを持っていて，それをまねしているとも，マスコミで言っていた。男子中学生が態度を注意した女性教師をナイフで多数回刺して，死亡させてしまったという事件もあった。
　中学生や高校生が，凶器を持ち歩くというのは，不良生徒の場合，昔か

らあった。ヌンチャクがはやったこともあった。米軍の払い下げの物品やモデルガンを好む青年も結構いる。

　ここでもやはり，青年期に入り，これまでと違った対人関係を築こうとする。親との古い対人関係を断ちきって，将来の家庭を築くために，新しい対人関係に入ろうとする。つながっているものを断ち切るときにそれを点検する。すると問題をはらんだ古い対人関係に行き当たる。たいていそれは母子関係である。

　それまでは隠蔽され忘れていた古い母子関係にさらされる。彼らはその古い関係に退行して，原始的な母，太古的な母，「前エディプス」的な母親に呑み込まれそうになる。非常な恐怖感に襲われる。これを防衛するために，男性性を強調しようとする。

　正常な青年の場合でも，この時期に空手やボクシングなどを好む。多かれ少なかれ，この恐怖は普通の青年にもさらされる。しかし問題のある古い母子関係を携えた青年では，呑み込まれる恐怖を防衛し，ただでさえも心許ない男性性を補強するために，短絡的に男性性の象徴である「ナイフ」や凶器の類を用いて，強いことを示そうとするのだろう。短絡的でない，スポーツとか健全な同性との人間関係で，恐怖や不安は克服されるべきだろう。

第14章

付論1 相互主観的発達論を目指して
Toward the Intersubjective Developmental Theory

「はじめに」で述べたように，私は当初，障碍のある子どもたちの青年期発達をも扱うつもりであった。しかし，広汎性発達障碍の精神発達の問題があまりにも高い壁となり，頓挫してしまった。このことに正面から取り組むには，これまでの発達論とは異なったものを視野に入れる必要がある。

それには，人間が社会のなかで発達を遂げていく以上，「他者の心」を含めた自我発達を考えなければならない。最近言うところの「心の理論」，従来の言い方では「相互主観性（間主観性）intersubjectivity」を踏まえた発達論を提示しなければならない。

そうした場合，これまでさまざまな人たちが提唱してきた発達論を，今一度，違った観点で検討してみる必要が出てくる。

I 早期のエディプス関係

クライン Klein, M. は，エディプス関係をフロイト Freud, S. が定めたものよりも，かなり前倒しした（1928）[20]。

しかし，エディプス関係というのは，雌雄という動物，あるいは有性生殖を行う生物に由来すると考えたほうが合理的だろう。

ネコやイヌにエディプス関係があるのかどうかはわからない。それでもそのような動物が異性の相手を認知し接近し，何らかの感情表現，行動をするのは明らかだろう。

ここでは，エディプス三角の形成は，人間の自我発達に固有なものと考えずに，生物として人間に生後すぐからあるものと考えてみる。

II　フロイトの死の欲動

有性生殖を行う生物として子孫を増やすというのが，エディプス三角の本来の意味だろう。つまり，次世代へ子孫をつなぐという「子をなす」というテーマを，貫き続けるように宿命付けられている。

このことは生後すぐから宿命付けられていて，幼児でも隙あらば，「子をなす」というテーマを完遂しようとする。しかし，生物的に未熟であるため，その欲動は持っているものの，実行できる状況にはない。

いつも「子をなす」ことができる位置を確保しようとするが，そこには先客として父親や母親がいるので，彼らを退かせるために，彼らに攻撃をかける。そして，その位置を奪おうとする。彼らからも，分不相応だと攻撃をかけられる。

この攻撃は，親たちに対する攻撃性として表現される。また，親たちからの攻撃は，去勢不安や死の恐怖などとして表現される。

ところが，もう1つ注目すべきことがある。自分からこのエディプス三角を去りたいという欲動もあるように思われる。「生」あるいは「性」をめぐるストレスの多い活動から退き，去り，安らぎたいという欲動も考えられる。これが「死の欲動」の一部に相当するのではないかと思われる。

III　メルツォフの研究

　実験発達心理学の立場からメルツォフ Melzhoff, A.N. らは，生後約1カ月の新生児に，しっかりとした物的対象を認知するのを証明した（1979）[33]。

　実験は生後1カ月くらいの新生児に，しゃぶるところにイボのあるおしゃぶりと，通常のつるんとしたおしゃぶりとを用意した。新生児にどちらか一方をしゃぶらせた後，2種類のおしゃぶりを見せて，新生児の視線を調べた。

　すると，明らかに，新生児は自分のしゃぶったほうのおしゃぶりを長い時間見たという。したがって，生後1カ月くらいの新生児でも，口での触覚と，眼で見る視覚との間の知覚様式が異なっている認知を結び合わせて，そして，物的対象をしっかりと認知できるということになる。

　このことは，生まれてすぐの新生児が自他未分化な状態にあるという従来からの発達論的考えが，覆されたことを意味している。

　生まれてまもなくでも，ちゃんと物的対象を認知し，区別できる。

　また，もう1つ，実験発達心理学が言っていることに，乳幼児においてフロイトが言うような口唇期，肛門期などというの発達的区分は明瞭でないということがある。

IV　タスティンの葛藤

　タスティン Tustin, F. は自閉症児の遊戯療法を，精神分析的立場から行った（1972）[44]。人生初期に自他未分化である「自閉的段階」を想定するマーラー Mahler, M.S. の発達論をベースに，自閉症理論を構築した。

　しかし後に，実験発達心理学の研究を知り，人生初期に「自閉的

段階」を想定できなくなり，とても悔しがったという（Spensley, S., 1995）[40]。結局は改訂できずに亡くなった。

V　スターンの見解

スターン Stern, D. は，乳幼児に関する実験発達心理学の研究から，生まれてすぐより，曖昧だが，中核的自己と中核的他者があり，それらは人生の経過のなかでだんだんと発達するという見方を取った（1985）[41]。自己と他者をめぐる発達を考えた。そのような相互主観的発達論の立場から，精神分析を見直そうとしている。

しかし，非常に困ったことに，この立場からは，エディプス関係が出てこない。相互主観的発達とエディプス関係との関係はどうなっているのだろうか。

VI　自閉症についての「心の理論」の発達障碍説

第6章でも述べたように，自閉症において「心の理論」の発達障碍説は認められている。これがさらにどのようなことに基づくかについては，まださらに議論を要する。が，「心の理論」の発達障碍があるということは否めない。

エディプス関係が，有性生殖を行う生物種レベルの問題と考えられるということについては，先に述べた。

現在，「心の理論」が脳のどの部位に密接に関係するかという脳研究が，盛んになされている。このことを詳しく述べることは，専門外でできない。しかし，少なくとも，「心の理論」とその障碍が，脳に位置するということは間違いない。それもチンパンジーなど，霊長類以降だとも言われている。

ということは，有性生殖を行う生物種レベルの問題と，脳を有する動

物種レベルの問題は，明らかに次元を異にする。何らかの形で自我に影響を与えるだろうが，そもそもの起源は，進化論的にずっと古いところとずっと新しいところと，全然，地層が異なる。これらを同列に論じるのは，やはり無理がある。

VII 相互主観性の発達

　最近は，頻繁に「心の理論」の発達と言われている。従来は，共感性，感情移入，あるいは相互主観性と言われていた。

　統合失調症について画期的な研究を行ったコンラート Conrad, K. は，「視点を変換する能力」とも言った（1958）[5]。あるいは，ビンスワンガー Binswanger, L. は「乗り越え Überstieg」能力と言った（1957）[2]。

　これは，他者の視点に立つ能力の喪失，あるいは自分自身を振り返る能力の喪失という事態を示している（Lempp, R., 1992）[29]。ある意味で「社会性」の発達の障碍とも考えられる。このごろは，広汎性発達障碍について，「社会性」の発達障碍と言っている研究者もある。

VIII クラインの発達論

　もう1つ，精神分析の分野で大きな影響を与えている発達論として，クライン Klein, M. の発達論を忘れてはいけない（1946）[22]。

　ごく簡単に述べると，幼児で，部分的対象（人間）関係から，全体的対象（人間）関係へと発達するという。そのときに，分裂－妄想的ポジションから，抑うつ的ポジションへと発達する。

　この分裂－妄想的ポジションは，統合失調症や妄想的なパーソナリティ障碍と密接に関係がある。また，抑うつ的ポジションは躁うつ病と関係があるという。

　この理論をよく読んでみると，これは幼児特有の問題ではなく，全体

対部分という人間における認知に関してのもっと一般的な問題ではないかと思われる。ただ，子どもは物事や人物を全体としてまとまりを持って見る力が弱いので，このことが重要となると考えられる。

IX　パーソナリティ発達

　これらのことから，人のパーソナリティ発達を考えると，ベースに生物としての発達があり，その上に，自我の発達，それも相互主観的な発達があると思われる。

　音楽にたとえると，低音部に生物的発達としてエディプス三角の発達がある。高音部に自我発達として，相互主観性の発達がある。その両者が進行しながら，メロディができあがっていく。そのように思われる。

　もしかするとそれは，第3章で，特に図3.1で示したように，三部構成かもしれない。身体を中心とする内界には，その無意識的な部分の代表として，エディプス三角がある。

　社会制度，そのなかでも特に言語システムなどは，自我にはコントロールできない外界の一部を成す。それらの時間的変化は自我に影響を与えるが，社会制度自体の変化は自我の及ぶ範囲を越えている。意識できないものとなっている。こういう外界の意識できないものは外から自我に押しつけられて，意識される。自我のコントロールが及ばない意識できないものも，やはり自我にも影響を与える。社会制度が内面化され，自我へと影響のある側面について，フロイトは超自我と言ったのかもしれない。

　この考えをとると，低音部にエディプス三角の発達があり，中音部に自我発達があり，高音部に外界からの自我への影響の変化があることになる。三部構成で，生涯というメロディが進行していくのかもしれない。

　次章以降でこれらの問題に対して，少し提案を行う。

第15章

付論2　エディプス三角をめぐる展開
Development of Oedipal Triangle

I　エディプス三角 Oedipal Triangle

　身体的な部分から自我のほうへやってくる影響は，とりあえず，欲求とか衝動という形で捉えられるだろう。空腹や口渇や寒さなども，そのように自我へやってくる。これらは満たされないか満たされるという二分法，量的な要素もあるが，プラスかマイナスという形で捉えられることになる。そして自我に対して無意識的なものと位置付けられるだろう。この問題は，「第17章　付論4　分裂機制に関する考察」で扱う。

　しかし，エディプス三角にある欲求は，プラスかマイナスという二分法では捉えられない。もっと複雑な表現のされ方で自我に影響を与えてくる。ここでの三者関係は，相手の考えをこちらが推測するという「心の理論」を含んでいないので，「相互的関係」ではあっても，「相互主観的関係」ではない。

　ラカン Lacan, J. の画期的著作『精神病』で，特に2つの点が注目される（1981）[26]。1つは，大文字の他者と小文字の他者という2種類の他者という点である。これは「相互主観性」の問題からも非常に重要なことであり，それについての考えは別のところで述べた（山本，2007）[50]。

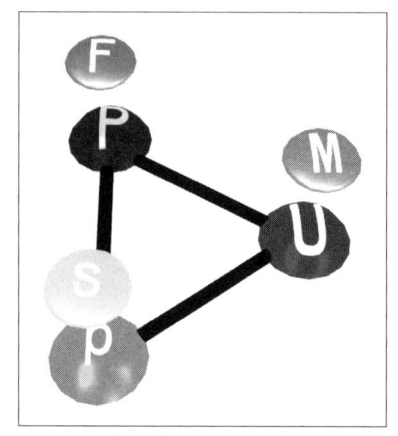

図 15.1　エディプス三角 Oedipal Triangle
P: ペニス Penis, U: 子宮 Uterus, p: 小さなペニス small penis, F: 父親 Father, M: 母親 Mother, S: 息子 Son

　もう1つは，父，母，子のなす原初的基盤（シニフィアン signifiant）という考えである。これは有性生殖をなす生物種に固有の基盤ではないかと思われる。その基盤の上を，人間という生物種が近親相姦の禁止などの社会制度を踏まえながら，意識的，無意識的にどのような動きをして行くかで，親子を巡る葛藤が生まれるのだろう。第3章図3.1の縦の曲線と直線で示したように，社会制度はエディプス葛藤という形で，生物的欲求にまで介入してくる。

　以前から，ブロス Blos, P. の青年期発達論を生まれてから死ぬまでの発達論へと拡充することを企てていた。その際，ラカンの考えが非常に示唆に富むと思われた。以下の図式化でそれを利用させてもらった。

　ここでは，エディプス三角（図 15.1）をめぐる闘争として，発達というものを捉えることにする。

　まず，大文字のPは，成人の男性を表している。ペニス Penis の頭文字を取って，Pと表記する。大文字のUは，成人の女性を表している。子宮 Uterus の頭文字を取って，Uと表記する。

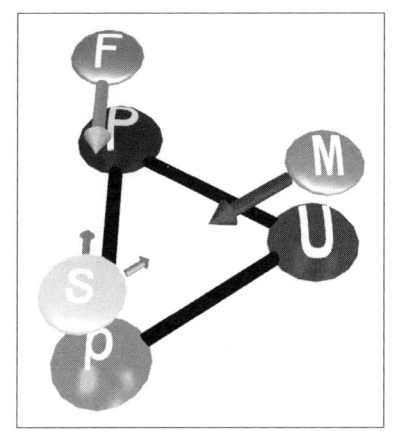

図 15.2　幼児期 Infantile Stage

　小文字のpは，子どもを表している。ペニス penis の頭文字を小文字で表記する。どう考えても，子どもは最初は男の子として，エディプス三角に参加するとしか思えないので，こうした。女の子を入れて四角形にすると，相互に関係を結べない箇所が出てくる。相互に関係を結べるには，2項か3項しかない。有性生殖を象徴化したものとしては，三角しかない。

　大文字のFは，父親Fatherを表している。大文字のMは，母親Motherを表している。大文字のSは，息子Sonを表している。現実の対象ではなく，内的対象として表している。

　P−U−pのエディプス三角という原初的基盤（シニフィアン signifiant）上を，F，M，Sがそれぞれ闘争する。そういう形で，生涯の発達を一般化してみる。

II　幼児期 Infantile Stage

　フロイト Freud, S. は，人間は本来，両性的だと言う（1923）[8]。図15.2に示したように，子どもSは，大人の男性になろうとしてPのほ

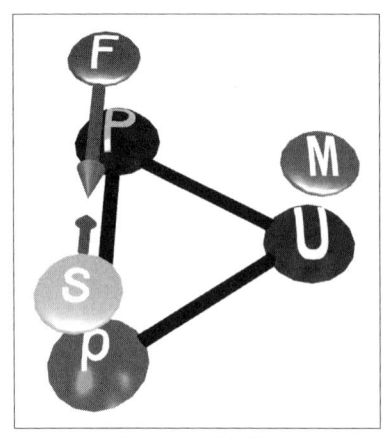

図15.3 性器期男
Genital Stage ♂

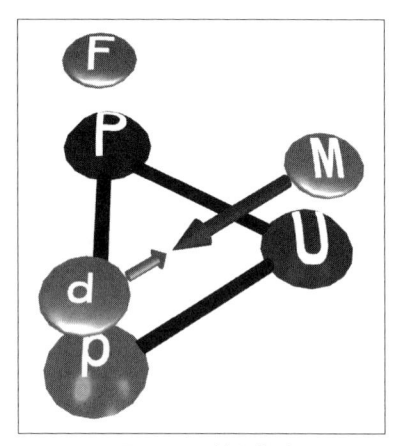

図15.4 性器期女
Genital Stage ♀
d: 娘 daughter

うへ行こうとしたり，大人の女性になろうとしてUのほうへ行こうとしたりする。

しかし，いずれも子どもらしくあることを周囲から強制されるし，自分自身もPやUの位置に行けるだけの力がない。結局，子どもの場所pにいることになる。

本来，両性的だが，そのうちに自分の行く方向を定めることになる。これは生物的に決められているように思われがちだが，どうも必ずしもそうでないような気がする。生物的な方向とは異なる方向を，自分本来だと定める子どももあるのではないかと思われる。ひょっとすると，これが性同一性障碍の起源かもしれない。

III 性器期 Genital Stage

男児の場合，通常，自分の行く方向をPのほうと定めて，そちらへ行こうとする（図15.3）。当然のことながら，父親Fの抵抗に遭う。Pの位置に行って，母親Mと関係を結ぶことを認めない。

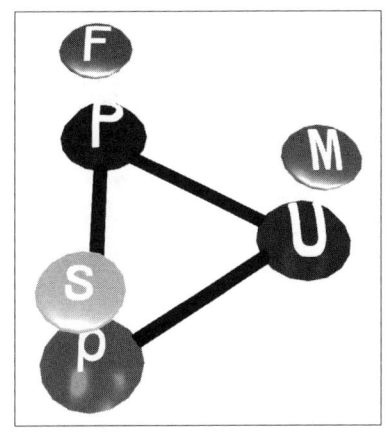

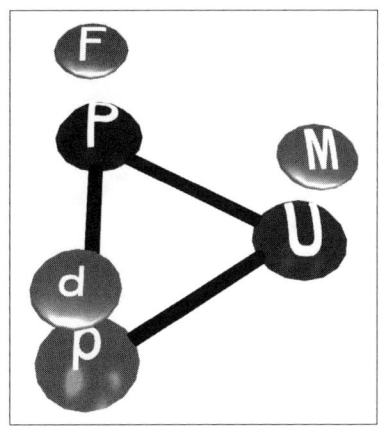

図 15.5　潜伏期男 Latent Stage ♂　　図 15.6　潜伏期女 Latent Stage ♀

　この抵抗は，pの位置にとどめ置かれるという形ですむ場合もある。しかし，抵抗が強いと，このエディプス三角から振り落とされるという恐怖を味わうことにもなる。これが去勢不安，あるいは死の不安と感じられるのだろう。
　女児の場合，通常，自分がペニスを持たないということを自覚させられる。そして，娘dとなる（図15.4）。ここでは，daughterの頭文字dで娘を表記している。図ではSからdへと変化する。Uへの方向を定める。それと同時に，母親Mと同類であることを自覚する。
　Uの位置に行って，父親Fと関係を結ぶことは認められず，抵抗される。場合によっては，エディプス三角から振り落とされるという恐怖，死の不安を味わうこともある。

IV　潜伏期 Latent Stage，あるいは児童期 Childhood

　男児，女児とも，自分の位置にとどまり，父親や母親のいる位置に行こうとしない。したがって，抵抗もなく平和に過ごすこととなる。安定した時期となる（図15.5，図15.6）。

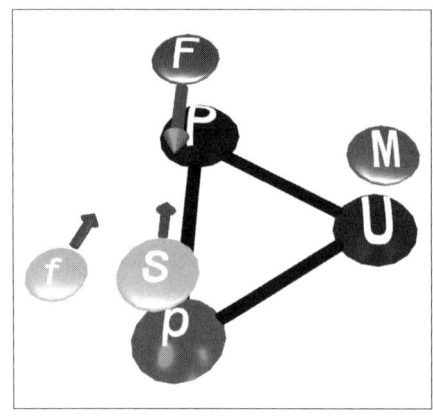

図 15.7　前青年期男
Preadolescence ♂
f: 友人 friend

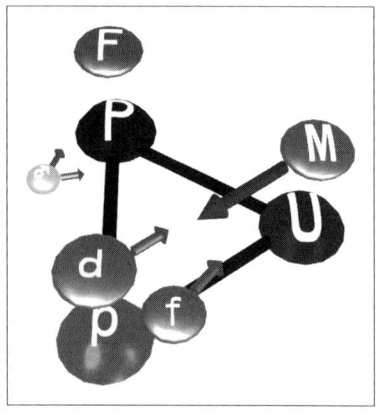

図 15.8　前青年期女
Preadolescence ♀
♂: 異性 male object

V　前青年期 Preadolescence

　小学校高学年近くになると，少年，少女ともに，前青年期に入る。

　少年では，友人たち f の援助を借りて，P の位置に行こうとする。ここでは友人たち friends を f で表記している。実際にはたいてい複数の友人だが，図上では，象徴的に 1 個の f で表記する。P の位置へ行く準備を始める。不安定になり少し退行する（図 15.7）。

　少女でも同じように，友人たち f の援助も借りる。そして，U の位置に行こうとする（図 15.8）。ここで少年と違って，場合によっては少しだけ，異性が参加する可能性がある。ここでは異性を ♂ で表記している。これは，すでに幼児期に自分が母親 M と同類であることを自覚したからできる。

　もし，少年で異性の助力を得ようとすると，女性化してしまう，去勢される可能性も生じる。異性である女性に呑み込まれてしまう可能性もでる。したがって，少年は異性の援助をこの時期には得にくい。

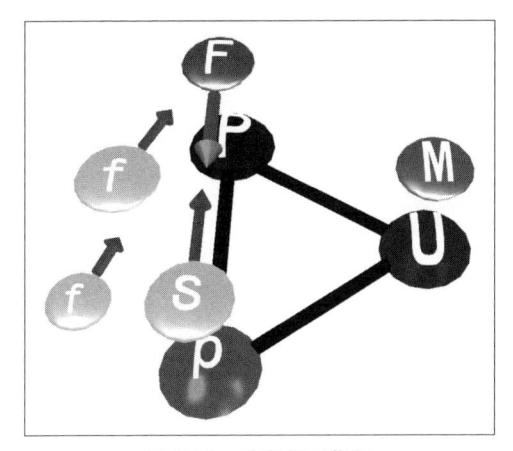

図 15.9　青年期前期男
Early Adolescence ♂

VI　青年期前期 Early Adolescence

　だいたい，中学生時代に相当する。
　少年では，同性の親友，大き目の f が大きな助けとなり，また友人たち f も援助し，父親 F に攻撃をかけ，その P の位置を奪おうとする。親友は 1 人のことが多いが，時期を変えてか，あるいは同時に 2 人のこともある。ここでも，象徴的に 1 個の f で表す。そして，少しずつ，p の位置から P の位置へ移動を始める（図 15.9）。
　移動するときには非常に不安定になる。このエディプス三角から脱落しないかという不安にも駆られる。死の不安，去勢不安に襲われる。
　もう 1 つ忘れてはいけないのは，p から P への移動という発達課題が，あまりにもストレスが大きい。そのため，このストレスから逃げて安らかになろうという欲動も起こる可能性がある。この三角から降りて楽になりたいという欲動，死の欲動にも駆られる。
　少女でも，同性の親友，大きめの f が大きな助けとなる。友人たち f も援助してくれる。そして母親 M に攻撃をかけ，U の位置を奪いに行

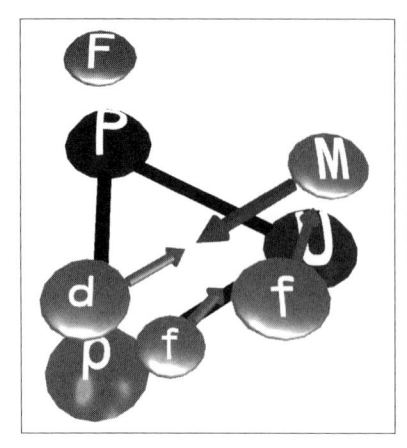

図 15.10　青年期前期女
Early Adolescence ♀
（夢中の対象が同性の場合）
大きめの f: 同性の夢中の対象
female object of crush

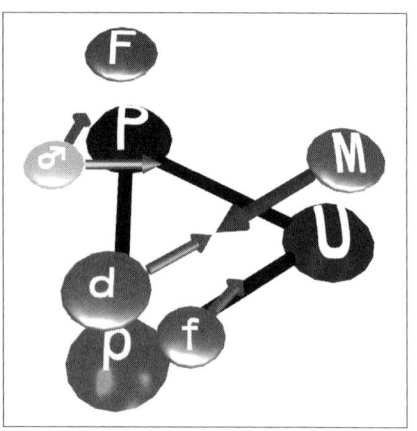

図 15.11　青年期前期女
Early Adolescence ♀
（夢中の対象が異性の場合）
♂: 異性の夢中の対象
male object of crush

く。また，移動のときに不安定になるので，死の不安に駆られたり，逆に自分からこの三角を降りようとしたいという死の欲動に駆られたりすることもある。

　少女の場合，普通は同性の親友が大きな助けとなるが，第 8 章でも述べたように，異性である夢中 crush の対象が助けとなることもある（図 15.10，図 15.11）。図ではこの異性を♂で表記した。

　この異性♂は父親 F へ攻撃をかけ，取って代わろうとする。また，母親 M に攻撃をかけ，少女 d が U の位置に行くのを助ける。

VII　青年期中期 Middle Adolescence

　だいたい高校生の時期に当たる。
　少年では，すでに P の近くにまで来る（図 15.12）。そして，父親 F をその位置から退かせようとする。このときも友人たち f が助けになる。

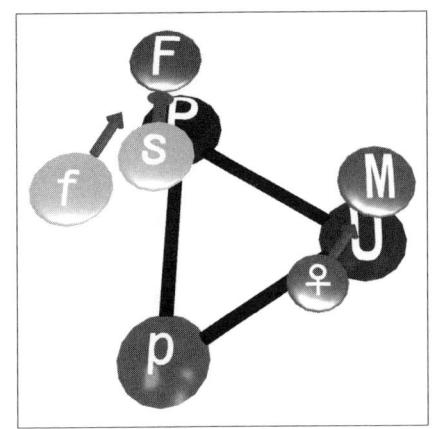

図 15.12　青年期中期男
Middle Adolescence ♂
♀：異性 female object

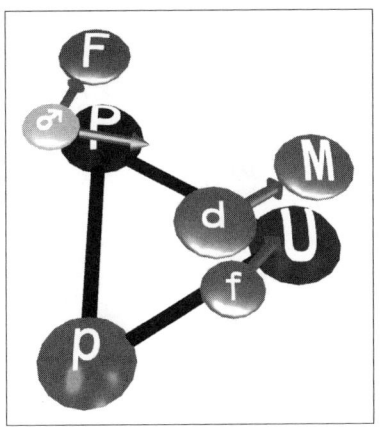

図 15.13　青年期中期女
Middle Adolescence ♀
♂：異性 male object

　ここで，新たに異性♀が現れてくる。この異性♀は，母親 M の位置を奪いに行く。どうも少年では少女の場合のように，この異性♀は通常，父親 F に攻撃はかけないように思われる。やはり，p から P への移動の途中なので，非常に不安定になっている。

　少女では，青年期中期の異性♂を動員した形が，かなり現実的に進む（図 15.13）。少女 d が友人たち f の助けを借りて，U の近くにまで行き，母親 M を追い出そうとする。異性♂は，P の近くにまで行き，父親 F を追い出そうとする。そして，この異性♂は母親 M にも攻撃をかけ，少女 d の援護射撃をする。やはり，移動途中なので，非常に不安定になっている。

VIII　青年期後期 Late Adolescence

　18 ～ 20 歳ころに当たる。この時期には，内的な父親 F も内的な母親 M も，P や U というそれまでの位置から退きつつある。代わりに少年

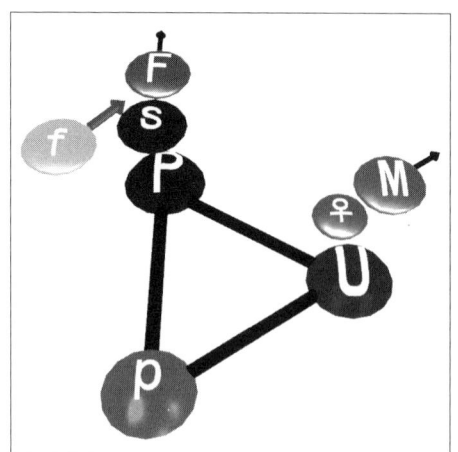

図 15.14　青年期後期男
Late Adolescence ♂

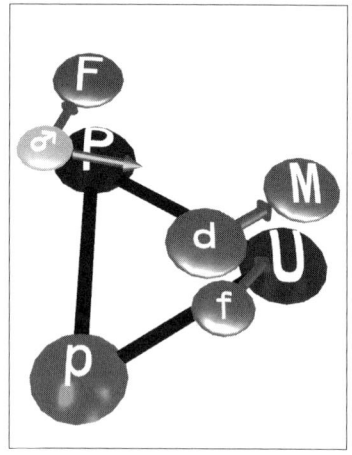

図 15.15　青年期後期女
Late Adolescence ♀

や少女がその位置に入りつつある。

　少年では，父親 F を追い出しつつ，自分 S が P の位置に入っていく（図 15.14）。もちろん，友人たち f が助けとなる。それと関連して，異性♀が母親 M を追い出し，U の位置を占めつつあるようになる。

　ここで図示しているのは，あくまで内的なものなので，現実の異性が同じ人物であるというのではない。異性イメージが少しずつ変化するということもある。したがって，いろいろな女性と付き合うということも起こる。それに対応して，自分 S のイメージも変化し，成熟していく。

　少女でも同じことが起こる。友人たち f の助けもあり，自分 d が U の位置へ入っていく（図 15.15）。そして母親 M を追い出す。そして，父親 F のところに異性♂が取って代わる。少女でも，同じ男性が居続けるというのではなく，ここで言っているのは内的なものなので，いろいろな異性イメージとなることも大いにある。男性イメージも成熟し，それに対応して，女性としての自分のイメージも成熟する。

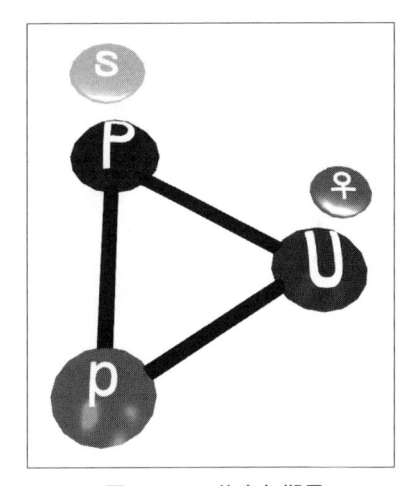

図 15.16　後青年期男
Postadolescence ♂

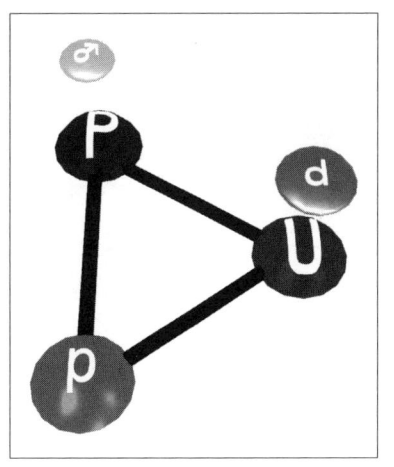

図 15.17　後青年期女
Postadolescence ♀

IX　後青年期 Postadolescence

　かつての父親 F も母親 M も，ほぼいなくなる。したがって，彼らと闘争を演じる必要がなくなってくる。だんだんと親との関係が穏やかなものになって，関係が戻ってくる。和解していく。
　もう少年とは言えないが，少年 S は P の位置を占める（図 15.16）。父親 F はほぼいない。U の位置には，異性♀がいる。この位置関係で，だんだんと自己イメージ，異性イメージを練り上げていく。
　もう少女とは言えない少女 d でも同じことが起こる（図 15.17）。U の位置に自分 d がいて，P の位置に異性♂がいる。
　精神的には安定しているが，この時期に異性を確保し，次の発達課題へ向かわなければならないということが待ち構えている。したがって，異性を確保するということがたいへん大きな課題となる。

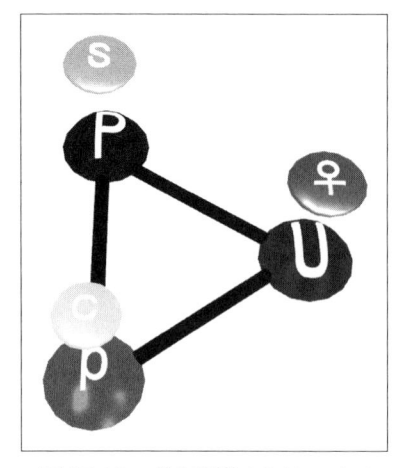

図 15.18　成人期男 Adulthood ♂
c: 子ども child

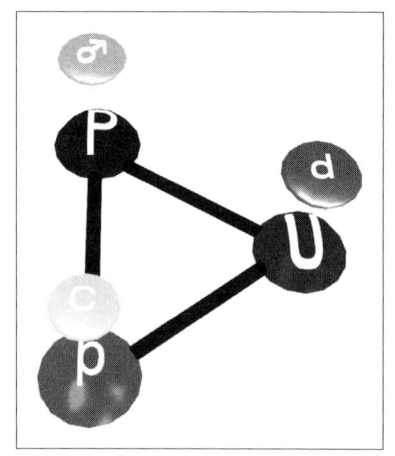

図 15.19　成人期女 Adulthood ♀

X　成人期 Adulthood

　さて，最初の幼児期と性器期を除いて，これまで述べてきた各時期は，ブロスの発達論を紹介するための図とほぼ対応する (1962)[3]。しかし，ここからはそれ以降の時期について図示してみる。

　それぞれの時期が年齢的にどのくらいに対応するかは，かなり個人差があると思われる。

　後青年期のSは，異性♀とエディプス三角を形成する。が，欠けているものがあった。pの位置が欠員になっている。したがって，これを埋めなければならない。つまり，「子をなす」という発達課題を遂行しなければならない（図 15.18）。

　そもそものエディプス三角の根本目的は，有性生殖を行って，次の世代を作っていくということだと思われる。したがって，やっと本来的な目的にたどり着くことになる。こうして，「子をなす」という大きな発達課題を実行に移す。

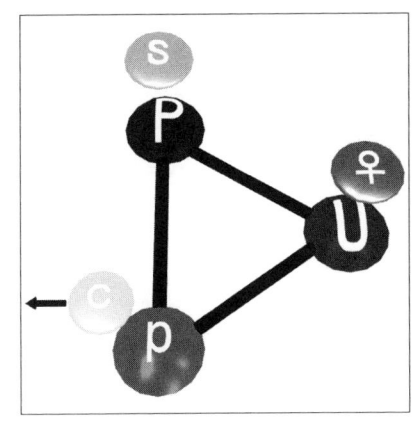

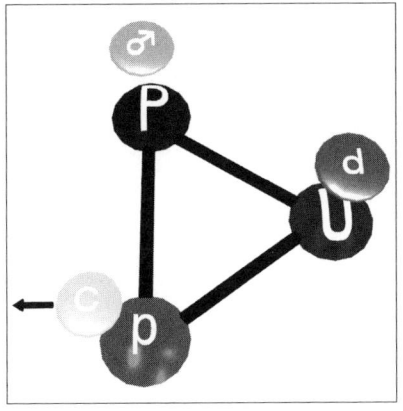

図 15.20　中年期男 Middle Age ♂　　図 15.21　中年期女 Middle Age ♀

　子どもcを，pの位置に据える。cは必ずしも男性である必要はないように思われる。自分がpの位置にいるときには，初めは男性として定位された。しかし，子どもとしてpの位置にcを持ってくる際には，この性別は意外に無関心なように思われる。

　同様に，今やUに位置する成人期のdも，子どもcをなして，pの位置を埋めるように仕向けられる（図15.19）。

　ここで付け加えなければいけないことがある。本来的には子どもcは，人間としての子どもでなければいけない。しかし，次の中年期とも関連するが，人間としての子どもcだけでなく，世の中への子どもcであってもよいように思われる。つまり，自分が成した生産物，仕事でも，代わりができるようだ。

　評価される作品，仕事，自分が生きた証を，外の世界に「産み出す」ことでも，このエディプス三角は擬似的に満たされるように思われる。

XI　中年期 Middle Age

　男性Sでも女性dでも，この時期に子どもcが，このエディプス三

角から去っていくということが起こる．1人目，2人目と，次々に「子どもをなし」ても，やがて去る（図 15.20，図 15.21）．

彼らが去っても，男性では生物的にまだまだ「子をなす」という課題が不可能ではない．ほとんど現実的ではなくても，夢は抱き続けることができる．

しかし，女性では子どもを産める年齢ではなくなってくると，このことが切実な問題となる．今の日本では，だいたい30代後半から45歳くらいにかけて，この問題に直面することになるだろう．

ごく当たり前に，子どもたちは親離れする．しばしば子どもにとって非常に迷惑なことが発生する．この三角を死守したいがために，子どもcを引き留める．これは親側からの「分離不安」となる．いわゆる「子離れ」に対する抵抗となる．

あるいは，男性，女性ともに，異性を入れ替えることで，「子をなす」という課題を遂行し続けようとする．結婚している場合は，いわゆる「浮気」によってエディプス三角を維持しようとする．あるいは，再婚して維持しようとする．

別な現実的解決がある．このエディプス三角の子どもcは，人間でなくてもよい．世の中へ，自分の生きた証を「産み出す」ことで代用できる．

今まで主婦として子どもを育ててきた女性が，資格を取って社会で仕事をするとか，会社を作るとかという話はよく聞く．ボランティア活動に活路を見い出すというのもよくある．あるいは，急にサラリーマンを辞めた男性が，何かの店を開く．芸術に目覚め，陶芸などをしたりするというのもよく聞く．また，去った子どもcを補うためにペットを飼うということもよく行われる．

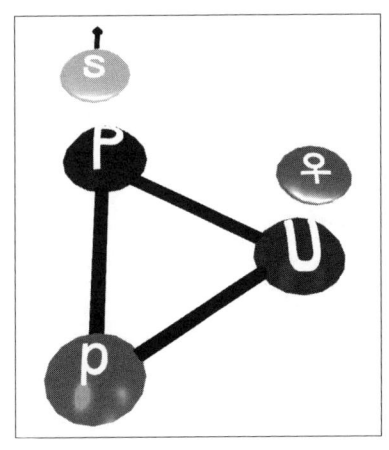

図 15.22　晩年期男 Late Years 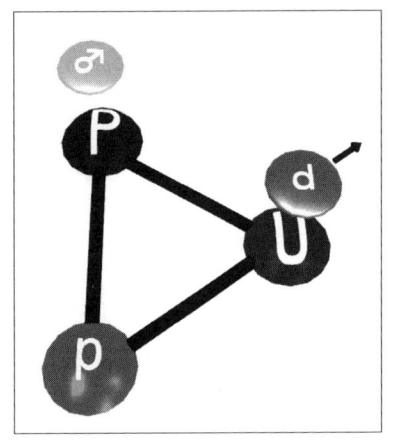 ♂　　図 15.23　晩年期女 Late Years ♀

XII　晩年期 Late Years

　エディプス三角にこだわり続け，広い意味で「子をなす」という課題をやり続けるのが，生き生きした人生を保つために必要だと思われる。
　しかし，このエディプス三角に居続けるエネルギー維持というか，生産性の維持がつらくなってくるという場合もある。あるいは，この三角に異性もおらず，子どももおらず，いるのは自分だけということになっているかもしれない。こうなると，自分からこの三角を降りる，降りたいという欲動も生じるかもしれない。これが本来的な意味での「死の欲動」かもしれない（図 15.22，図 15.23）。
　静かで平穏な無生物に還りたいという欲動もあるのかもしれない。

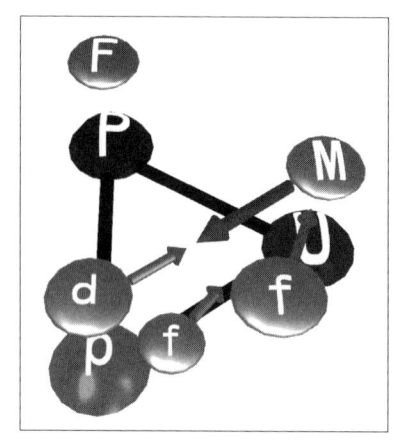

図 15.24　神経性食思不振症

XIII　エディプス三角の応用例

1．神経性食思不振症（思春期やせ症）の場合

ここに挙げた図 15.24 は，図 15.10 と同じもので，少女における青年期前期のものを示している。ただし，夢中の対象は同性となっている。

第 2 章ケース 4（p.8）のところでも述べたように，下坂は神経性食思不振症の本質的なもの点について，「成熟拒否」と言った（1961）[42]。自分が女性という成人になっていくのを，拒否している。女性になっていく身体を拒否する手段として，無意識に「食べない」のであろう。

この図で示すと，娘 d が U の位置に行くことに支障があることになる。とりあえず，次の 3 つの場合が考えられる。

① d が行こうとしない。
② d が行こうとしても，母親 M が強力に攻撃をかけて，微動だに移動させようとしない。
③ d が M をやがて退かせて，M をいなくさせることを拒否する。

①には，第8章ケース20（p.50）が該当するだろう。友人たちの後押しで，彼女は皆と同じように，Uの位置へ行く意志を持ち始めた。治療経過でも，母親は本人に攻撃的なところがあまり見られなかった。

②は，治療経過から，第2章ケース4（p.8）が当たっているように思われる。母親の攻撃的な言動に反抗もできず，ただいらいらして抑うつ的になっていた。

③の場合もあった。ここではケースとして書いていないが，悪い意味ではなく，母子癒着が強く，母親も本人のことをとても好きで可愛がっているし，本人もそういう母親をうっとうしがるふうでもなかった。父親の影が薄かった。症状もそれほど重いものではなかった。

いずれの場合も，友人関係が希薄であった。

2．シュレーバー・タイプの統合失調症の場合

シュレーバー Schreber, D. の『回想録』（1903）[39]を読んで，フロイトは精神病論を展開した（1911）[9]。シュレーバー症例について詳しく知らない方も多いと思われるので，長くなるが述べる。

シュレーバーは1842年，ドイツのライプチヒで，高名な医師兼教育思想家を父親として生まれた。法学部卒業後，立身の道を歩み，1878年に35歳で結婚したが，妻は流産をくり返し，子どもには恵まれなかった。1884年，42歳で地方裁判所長であったシュレーバーは帝国議会選挙に立候補して落選した。1カ月後，精神変調のためにライプチヒ大学の神経科フレヒジヒ教授を受診し，「重症心気症」の診断で，6カ月後に回復して復職した。1893年10月，51歳のとき，ドレスデン控訴院議長に就任するが，過労で再発し，11月にフレヒジヒ教授を受診し，入院となった。しかし症状は改善せず，翌1894年の6月にピエルゾン博士の病院に1〜2週間いた後に，6月29日ゾンネンシュタイン精神病院，院長ヴェーバー博士のところに転院となった。1896年に手記を書き始め，1900年に『回想録』を執筆し，1901年に禁治産の決定が破

棄され，1902年12月，妻のもとに退院した。1903年，『回想録』が出版された。1907年5月に母親が亡くなり，1911月には妻が脳卒中で倒れて，その2週間後にシュレーバーは再入院した。1911年4月，肺疾患に続く心不全のために病院で亡くなった。

1884年からの症状を述べる。1884年，42歳のときに発病し，「心気症」とのことで，フレヒジヒ教授のもと，6カ月で治癒した。「超自然的なもの，領域にふれるような出来事は何一つなしに経過した」とのことなので，統合失調症的なエピソードはほとんどなかったものと思われる。

1893年6月に，明け方の夢うつつか覚醒した状態で，感動的な感覚を受ける。「女であって，性交されているならば本当に素敵であるに違いない」という観念で，完全な意識状態で非常な憤怒でもって却下した。

その年の10月1日にドレスデンに転任し，10月31日から11月1日，完全に不眠となり，ネズミなどいるはずもないのに，それらしき物音を夜中に聞く。11月8日ライプチヒに赴き，フレヒジヒ教授の診察を受け，入院した。

入院後の治療はすべて被害的に解釈される。フレヒジヒは本人を徹底的に悪くして，一気に浮上させて治すという計画でいるなら納得できるが，そうでないと悪意に満ちた治療としか考えられないと書いている。劇的な変化，シュレーバーの言葉では神経崩壊が，翌年1894年2月15日に訪れる。それまで毎日数時間一緒にいた妻が気晴らしにベルリンの妻の実家に4日間旅行に出かけた。それ以来，妻と面会しなくなり，妻は生きているのではなく，病院に来るときにだけ「束の間に組み立てられ」その後すぐに消滅する存在であると言う。周りの人間たちもすべてそのような「束の間に組み立てられた男たち」であると言う。

やがて，シュレーバーは「私の精神的な崩壊に決定的であったこと」を経験した。それは「尋常でない回数の夢精（5・6回）」で，崩壊に決

定的であった。

　被害妄想が生まれる。それは「フレヒジヒは私を女として性的に濫用する」というものだった。フレヒジヒは神の光線を己の利益のためだけに利用して，シュレーバーを女性の肉体へ変換する。そして，フレヒジヒがシュレーバーを性的に濫用するという陰謀が準備されていると考え，さらに確信へと至る。服を脱がされて何週間もベッドに放置されたとか，女性化のための薬物を飲まされたとかがその証拠だという。その頃，変なペニスを得たと書いている。

　また，新聞にシュレーバー自身の死亡記事があったという。これは「共同体へ帰還できない」合図であると考え，劣等のシュレーバーは去り，魂が消滅した。神経の完全な所有者であるもう1人のシュレーバーが自分であると言う。世界没落体験もあり，神とともに地球全体を眺めているという体験も得る。

　4月頃にフレヒジヒが銃で自殺したとか，彼の葬式とか，警官に付き添われて現われ，妻に「神フレヒジヒ」といって，狂人扱いされたとか，という幻影を持つ。またシュレーバーがフレヒジヒの魂を身体に所有したが，それを同情心から解放した。しかし，消滅させるべきだったと書いている。

　神に関する妄想も持つ。神を3つに分解する。フレヒジヒと組んで敵対的であった最初の神は，シュレーバーを女性化させて，捨て置いて，悟性をなくそうとした。が，逆にシュレーバーに引かれてしまい，矛盾に陥る。やがて，後ろの2つの神のうち，下の神は女性化させたシュレーバーの官能的快楽を共感的に引き継ぐ。上の神は，女性化に抵抗するか，男性化させようとするが，遠くに行って点のようになってしまう。

　シュレーバーは本格的に女性化し，次のような「描き出し」という方法で神と交流する。想像の中の影像は「神の光線」によって，覗き調べられる。シュレーバーの肉体が女の乳房と女の性器を備えていると映像

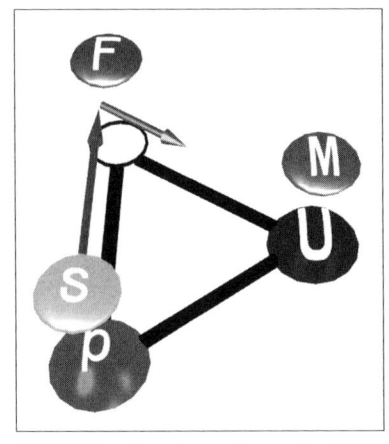

図 15.25　シュレーバー・タイプの
統合失調症の男性例

化すれば，「神の光線」にその印象を見せてやることができる，というものである。こうして神との性愛的関係に入る。これはやがて人類の再生につながる。興味深いことに，完全に女性化を受け容れたころ，周りの人間たちが「束の間に組み立てられた男たち」であったのが，現実の人間に戻る。

　精神分析では，フロイトがシュレーバー症例をもとに精神病論を書いたので，よく取り上げられる。ラカン Lacan, J. も『精神病』で扱っている（1981）[26]。

　図 15.25 はシュレーバー・タイプの統合失調症を図とした。ラカンによれば，このタイプの場合，父親 F の土台のところに，巨大な「欠如」がある。本来はペニス P がなくてはいけない。子どものときには，あたかも父親 F がいて，その土台には P があるかのように思える。そのように振る舞われていた。

　しかし，青年期になり，自分が P の位置へ行こうとしたら，P はなく，「欠如」しかない。そこに行ってしまったら，奈落の底に落ちるような不安を味わうことになる。

Pに行くのをあきらめる。元いたpの位置に戻ることも，今さらかなわない。背に腹は代えられない。Uの位置へ行くことになる。Uの位置に行って，女性となって，生物として生まれた宿命である「子をなす」という発達課題を達成しようとする。そして「欠如」に耐えられる男として神を「欠如」の位置に据え，神と今やUの位置にいる自分とで，Pの位置に「子をなそう」とする。

統合失調症を発症して，シュレーバーは女性化するという妄想を持ち，最後は神の子をなすという妄想を持つに至る。

このような症例をときに経験する。女性化するという妄想で病状が悪くなっているとも取れるが，その妄想でパーソナリティが破壊されるのをいくぶんか防いでいるのではないかと思える症例も経験する。「欠如」しているところよりも，まだUのほうがましなのかもしれない。

ここでのPの「欠如」の意味が理解しにくいと思われる。これは幼くして父親を亡くしたというような実際的なことを意味しているのではない。実験などのように確認できるわけではないが，シュレーバー・タイプとほぼ考えられる数例を思い浮かべてみると，患者の母親が父親を男性あるいは夫として組み入れていないという感じがする。結婚し家庭を作り子どもを産んでいるが，男と結婚して性的に夫婦となり，家族を形成するというのではなく，あたかも単為生殖で子をなし，単に家族という集団を作っているという感じがする。

概して，父親はちゃんと家庭へ収入を入れるし暴力的でもない。母親はその父親にかなり従順で，夫婦げんかもあまりしない。患者が統合失調症という以外，外面的には問題がない。母親に聞くと，父親の文句は言うが，頼りないとか人の言うことを聞こうとしないという程度である。そして，母親は子をなすが，性的存在という感じがしない。養子が続く女系家族というのでもない。

他の兄弟が統合失調症を必ずしも発症しないのは，受け手の影響の受けやすさという問題もからんでいるのだろう。レンプ Lempp, R. の言

うように部分能力障碍（LD）が関係している可能性もある（1992）[29]。シュレーバーは中年発症だが，精神力がよほど強かったという感じがする。私が臨床上，経験したこのタイプの患者はいずれも青年期発症だった。ある症例では，発症して一人住まいすることでようやく寛解に達した。母親は家を出たとたん全く放置しているのに，父親がときどき親身に心配して本人を手助けし，そのたびに悪化をくり返している。彼の場合，現実の父親が親切にして接近してくるので，自分の無意識にある父の基盤Ｐの「欠如」を意識させられ，悪化を招くのだろう。

　同性愛を口にする患者もそれなりにあった。まれにシュレーバーのように，女性化を訴える患者もあった。女性症例の場合はもう少し違った現れ方をするようだ。

第16章

付論3　相互主観性の発達
Development of Intersubjectivity

　私は本章で，相互主観性がどのように発達してゆくかということを述べようと考えた。フッサール Husserl, E. の『デカルト的省察』(1977)[14]では，もっとも困難で最も重要な相互主観性の発生については，詳しく書かれている。しかし，それ以降の相互主観性の発達については，ごく簡単に述べられているに過ぎない。

　フッサール全集には相互主観性に関して分厚い3巻の遺稿がある(1973a, b, c)[15-17]。そのなかには，その後の相互主観性の発達，フッサールの言い方では「高次の相互主観性の構成」について書かれたものがいくつもある。残念ながら，一部しか見ることができていないが，体系化されて述べられた草稿は見当たらないように思われる。

　いつの日かそれらをつなぎ合わせてまとまったものにできればよいと願っているが，今のところできそうもない。そのため，何らかの別なもので埋め合わせをしたい。かの有名なヘーゲル Hegel, G.W.F. の『精神現象学』を利用させてもらう (1807)[10]。

　ここでこのような偉大な歴史的に重要な著作を利用するのに，問題もある。しかし，この書物にいろいろな読み方があるにせよ，単純な意識から他者を意識する意識へと発展し，それが共同体を意識する意識に，さらに客観性を得て絶対的な精神へと至る過程を見ることができる。こ

れは,「社会性の意識」とも言われている相互主観性が発展して,単純な相互主観性がまさに本物の「社会性の意識」になることと,軌を一にしている。

エビが脱皮をくり返すように,質の違う脱中心化をくり返して,共同体つまり社会を反映した客観的な精神へと至る。その1番目の脱中心化が「心の理論」の獲得に相当している。

ヘーゲルの行ったような複雑なプロセスが,はたして本当に必要なのかどうか,よくわからない。だが,ここは偉大な哲学者の力を借り,一度,そのプロセスをなぞってみることも意味があると思われる。

『精神現象学』は,章立てが非常にややこしいが,次のように考える。全体は,「意識」,「自己意識」,「理性」の3つの部分からなる。そして,最後の「理性」が発展し,「理性」からその発展した形態である「精神」,「宗教」,「絶対知」へと至る。

I 意 識 Bewußtsein

1. 感覚的確信－目の前のこれという思いこみ

Die sinnliche Gewißheit; oder das Dieses und das Meinen.

まっさきに目に飛びこんでくる知は,直接の知であり,概念はまだ入っていない。感覚的な確信で,ここには2つの「これ」があり,「この人」としての自我と,「このもの」としての対象がある。これらは互いに媒介されてある。

ここにある存在も,「今」ということと「ここ」ということの変化のなかで持続している。変化といういわば否定のなかで持続してあり,単一の存在となっているので,一般的な存在である。一般的な存在として,対象と自我がある。

2. 知覚―物と錯覚
Die Wahrnehmung; oder das Ding und die Täuschung.

　知覚は，単に感覚的確信として対象を捉えるのではなく，一般的なものとして捉える。知覚は指し示すという運動を行い，対象は1つにまとめ上げるという運動を行う。感覚的なものは，言葉にならない個物としてそこにあるのではなく，一般的なもの，性質として定義されるものとしてそこにある。

　意識にとって真理の基準は自己同一のものであり，意識はその自己同一のものを捉えるように努めなければならない。

3. 力と理解力，現象と超感覚的世界
Kraft und Verstand, Erscheinung und übersinnliche Welt.

　感覚的確信が知覚の経験を経ることで，一般理念の形にまとめるような思考が現れてくる。知覚の後にくる理解力は，自分の誤りと対象の非真理を克服している。

　知性は力の概念とか，電気力とか，その法則性をも捉えるようになる。

　そして今度は逆転して，内面の超感覚的世界へと向きを変える。現象の世界は無限の運動を行っている。内面の世界も無限の運動を行っている。その内面の無限運動が運動そのものとして意識の対象となったとき，意識し知る「自己意識」となる。［著者注：この段階で初めて，単に外の対象を意識するだけでなく，自分をも意識する。自分を振り返ることのできる段階に入る］

II 自己意識 Selbstbewußtsein

1. 自己確信の真理
Die Wahrheit der Gewißheit seiner selbst.

［著者注：この箇所がきわめて難しい。まず，自我が自分自身を対象とする。そして他者が初めて登場する。『精神現象学』のなかで「心の理論」に相当するものが登場する。理解できる範囲で述べる］

意識が「自己意識」となったとき，意識は内面の無限運動を「対象」とするようになる。内面の無限運動である知の運動を「概念」と名付け，静止した統一体たる，自我としての知を「対象」と名付けるならば，「概念」と「対象」は対応する。

［著者注：自分自身を知るということのなかには，外の世界についての知も含まれている。無限の自分自身の知の運動を「概念」と言うとする。自我は外の世界をも捉えているが，その知を「対象」と言うとする。そうすると「概念」と「対象」は対応する。次にヘーゲルは，自我が自我を，つまり自分自身を対象として意識することを言う。時間的に隔たった過去の自我を，一種の「他」として，今の自我が意識すると考えると少しは納得がいく］

また，自我が自分自身でそのまま存在するもの（これを「概念」と名付ける），自我が自我を対象として，一種の他のものに対しているかのように存在するもの（これを「対象」と名付ける），これらは同じものとなる。自我が自分自身でそのまま存在するのも意識であり，自我が自分自身，他のものに対しているかのように存在するのも意識である。

自我という「対象」それ自体と，自我が自我という一種の他に対してある存在とが同じものであるとわかる。意識が内面の無限運動を対象とするようになって「自己意識」となるが，自我は関係の内容であるとともに，関係そのものである。

［著者注：自我がある瞬間に持っている内容，そしてその自我が諸々の過

去の自我に対して持っている関係，これらの統一体が自己意識となった自我と考えられる。ここで自我の自己同一性が確保される]

　こうして，自我は自我という一種の他に向き合った自我自体であり，一種の他を超えて交差し，一種の他はこの自我に対してまた自我そのものである。

　これまで「他を知る」にとどまっていたのに，今や，「自己意識」は「自分を知る」という段階にまで至っている。しかし，「自己意識」には「他を知る」ということがないのか。実は，それまであった「他がそれ自体で存在する」ということがなくなったに過ぎない。それまで「他」であった感覚的確信の対象や知覚の対象は，「自己意識」から抽象的に区分される契機でしかない。

　[著者注：先に述べたように，自分自身を知るということのなかには，外の世界についての知も含まれている。外の世界についての知は，自己意識から区分される契機に過ぎない]

　「自己意識」は自分へ還ってきて「生命」となる。「自己意識」はさまざまな区別が無限運動のなかで統一されることを自覚した統一体であるのに対し，「生命」というのはまだこの統一を自覚するには至っていない段階のものを言う。

　「生命」は，無機的自然から己を切り離し，無機的自然から栄養を吸収することで，自己を保存する。ここで，「単純な類」としての統一ということが出てくる。これによって，「生命」は他のもの，つまり他の意識を指示する。この他の意識に対して，意識は「類」として存在する。

　[著者注：ここの記述が興味深い。他の意識を「類」，つまり「人類」ということから引き出してくる。フッサールは『デカルト的省察』(1977)[14]で，他者の物体的身体を見い出して，そこに「心」を挿入した。その論理とほぼ平行している。この論理の用い方は，ライプニッツ Leibnitz, G.W. も行っている (1880)[27]。偉大な3人の哲学者が同じ手順を使っているところを見る

と，これ以外に自分の意識のなかに，他者の意識を登場させる方法がないのではないかと思われる。これは「心の理論 theory of mind」に相当する。第1段階の「脱中心化」である］

「自己意識」は「自立した生命」として現れる「他の存在」をなきものにすることによって，初めて自分の存在を確信する。それが「欲望」の働きである。「欲望」の充足のなかで，「他の存在」をなきものにしようとする。しかし，「自己意識」は「他の存在」である自分の対象が「自立したもの」であることを思い知らされる。「自己意識」は対象をなきものにできずに，「欲望」を再生産し，同時に対象をも再生産する。

「自立した対象」を相手にして充足を得ようとすれば，対象自身が自ら否定してくれるような，そういう関係を作り出さねばならない。すなわち，対象自身が自らを否定する力を持つ，自己否定をする，他に対して自らを開いてくれる［著者注：他者に対して心を開く］，こういうあり方でなければならない。自ら否定の働きをして，同時にその働きのなかで自立しているものは［著者注：他者に対して心を開きながら，自分でも自立する］，意識である。絶対的な否定の力を行使する一般的で「自立した存在」は，「生命」を超えた「類」そのもの，「自己意識」である。こうして，「自己意識」は「他の自己意識」のなかでしか，己の満足に到達し得ない。

［著者注：私の意識が他者の意識を視野に入れ，その他者の意識が自立したものだということを知る。その他者の意識は私のみならず他の他者へも心を開いている。第2段階の「脱中心化」が図られる］

「自己意識」と「自己意識」が対峙する。これが本当の「自己意識」のあり方であって，ここで初めて「自己意識」は「他なる存在」のなかに自己の統一が成立するのを見ることができる。「われ」が「われわれ」であり，「われわれ」が「われ」であるような経験となる。

A. 自己意識の自立性と非自立性－支配と隷属

Selbstständlichkeit und Unselbstständigkeit des Selbstbewußtseins; Herrschaft und Knechtschaft.

　自己意識にもう1つの自己意識が対峙するとき，自己意識は自分の外に出ている。そこには二重に意味がある。1つは，自己意識が自分を失って，他者こそ本当の自分だと考えるという意味である。もう1つは，他者を本当の自分と見るのではなく，他者のうちに自分自身を見るという形で，他者を克服しているという意味である。

　自己意識と他の自己意識との間の運動が，一方の側の行為としてしかイメージされていないが，一方の側の行為にしても，すでに，その人の行為であるとともに，他方の側の行為でもある，という意味を持っている。行為は一方の側の行為であるとともに，それと不可分に他方の行為でもある。

　それぞれが自他に対して直接に自立した存在として現れているが，その自立性は同時に他者を介することによって初めて得られたものである。2つの意識は，互いに承認し合う関係にある意識として，互いに承認し合う。

　しかし，自己を意識したばかりの意識にとって，まだ充分に相互的ではない。純粋な自己意識と，純粋には自立せずに他と関係する意識，つまり物の形を取って存在する意識という上下関係となる。一方が自立性を本質とする自立した意識，「主人」であり，他方が他に対する存在，生命を本質とする意識，「奴隷」である。

　［著者注：自己意識は，まだ相互的ではなく，自己中心的な段階にある。「主人」にとって「奴隷」の自己意識は，「主人」の意識を鏡のように映すくらいには捉えられている。が，まだ，主従関係にある。「主人」の意識のなかでは，「奴隷」の自己意識が自由な自立性を持ち，それ自身も自立した歴史性を持ち，「奴隷」の意識のなかで「主人」の意識をも逆に歴史性をもって自立して捉えられるとは思われていない］

B. 自己意識の自由－ストア主義，懐疑主義，不幸な意識
Freiheit des Selbstbewußtseins; Stoizismus, Skeptizismus und das unglückliche Bewußtsein.

　「奴隷」の意識は労働して物を形成するなかで自分を物の形式として対象化する。そして，「主人」の下に自主自立の意識があるのを目にする。「奴隷」の意識は，形成した物として存在する独立の対象の形を取る自分自身と，この対象に込めた意識としての自分自身が，統一されずに並列されているのを見る。

　[著者注：「主人」にとって，「奴隷」は「主人」に役立つ「物」を作り差し出す意識でしかない。「奴隷」の意識は「物」にあると同時に，「奴隷」自身のなかにもある]

　しかし，「奴隷」が労働によって形を与えた物，その物に宿っている意識と，「奴隷」の意識とは同じ世界に位置を占める。ここで新しい自己意識の形態，「思考する」自由な自己意識が生まれる。「思考」は，それ自体が存在である自我を対象とする。同時にまた「思考」は，意識が自主自立性を持っているように振る舞うそれ自体が存在である自我を対象とする。「思考」は，対象世界に対してそういうものとして関わりを持つ。

　[著者注：物に宿っている「奴隷」の意識と，「奴隷」の意識そのものが世界に統一されず並列されてある。「奴隷」の自我も統一体としてある。が，よく考えると，自主自立してその立場で対象世界を映し出している。そして同時にそれ自体，単一な存在である。ここで「主人」は，「奴隷」の自我の立場から見た意識をも対象とする。「主人」は「奴隷」の自我から見た対象世界をも取り入れる。「奴隷」の自我の立場からも眺める。脱中心化する。第3段階の「脱中心化」が起こる。そして「思考」へと上昇する。

　こうして「主人」の意識も「奴隷」に対する優越的な見方を捨てて，思考する自由な自己意識になる。特権的な「主人」という立場を諦めざるを得なくなり，ある意味で絶望する。自己中心性を捨てる。この段階にお

いて，ブロス Blos, P.（1962）³⁾もそうだが，とりわけサリヴァン Sullivan, H.S.（1953）⁴³⁾が強調している青年期における親友 chum が，「奴隷」に相当するように思われる］

「思考」の捉える対象の運動は，概念の形を取って，概念は常に私の「思考」と一体化している。「思考」のなかで私が自由だと言うのは，私の目指す対象が私の意識の動きと不可分に統一されているということを意味している。概念を追う私の運動は，私の内部での運動ということになる。

「ストア主義」は物への隷属関係を断ち切り，純粋に普遍的な「思考」の世界へと立ち戻る。「思考」だけを生きがいとする。

［著者注：意識があるためには物に自分が依存しなければならないということに嫌気がさす。外界から逃げる。自分が生きるということのために，行為そのもの，言葉，表情なども含めた他者が作った物に依存しなければならないということが嫌になり，自分だけの世界に閉じこもりがちになるという青年期の特性とも相応する。また自己中心的となる。外界から逃げる］

「懐疑主義」は外界の存在の否定という形を取り，物の多様な独立性を否定する。共同体精神など虚しいものだとは言うが，行動するに際してはそれをよりどころとする。

「ストア主義」の自己意識は自分の自由を守る単一の意識だった。「懐疑主義」では自由が現実世界に乗り出し，明確な輪郭を持つものを否定した。そのため，意識が二重化し，2つの意識となった。分裂している。分裂し，ひたすら矛盾する存在として自分を意識するのが「不幸な意識」である。

「不幸な意識」は二重化された意識が単一不可分なものであることは意識されているが，統一していない。一方の単一で不動の存在［著者注：神］であるものが本質とされ，他方の多様で不安定な存在が非本質的とされている。不動の存在へと上昇していくことも可能だが，上昇していく先にあるのは，個としての自分とは正反対のもの［著者注：神］

である。こうした運動のなかで，不動の存在の下に個が登場する。

　不動の存在である神が自分の造り上げた形態を断念放棄し［著者注：キリストの死のことを言っている］，個の意識が感謝の気持ちを抱いてそれを受け取る。自ら独立自存しているという満足を放棄する。行為の本体は彼岸にあるということも放棄される。二重の放棄によって，意識は不動神との統一を意識する。

　［著者注：ヘーゲルは意識の完成態である精神と神とが一体であることを目指す。キリスト教徒でない者にとって，このあたりをどう参考にするかが難しい。西田は「概念」の究極にある「イデア」をここで言う「神」と考えている（山本，2004)[49]。この段階はある意味で，青年期によくみられる「絶対的な真理」，「イデオロギー」を求めようとする傾向に相応している。自己中心性を脱するのに，絶対的なものをよりどころとしようとする］

　神は彼岸にあり，神と対立する位置にある個が，神という反対極と第三者を介して合体できるという三項関係を作る。この中間項に聖職者がいる。中間項を通じて不動の意識である神の極が，非本質的な意識である個の前に姿を表す。

　彼岸ではなく，現実の対象において，この意識としての己の行為と存在が，行為自体，存在自体となるとき，理性というものが意識の目に見えてくる。

Ⅲ　理性 Vernunft

1.　理性の確信と真理

Gewißheit und Wahrheit der Vernunft.（AA.　理性 Vernunft.）

　「不幸な意識」にとっては，本体は己の彼岸にあるとされる。が，意識の運動のなかで，この存在が完全な発展を遂げ，現実の意識たる個が自分自らを否定し，自分の外に出て反対の極［著者注：神］に向かい，そこで独立の存在を獲得する。

意識と対象世界全体との統一が意識にも自覚され，個が克服されて共同性へ至る。意識の本当の姿は，2つの極をつなぐ中間項として現れる。不動の意識である神に向かっては，個の意識が己を放棄したのだと言い，個の意識に向かっては，不動神がもはや反対の極にあるのではなく，個と和解したと言う。

　［著者注：神と個がつながる。いわば神が内在化される。個々人が意識する神は，共通であるから，神を共有することで，共同性ができあがる。神と個とをつなぐものとして意識がある。西田は，個がイデア的なものを意識できるということを，神とつながること，と考えているようだ（山本，2004）[49]］

　意識と外界との否定的関係は，肯定的な関係に転化する。理性というのは，物のすべてに行き渡っているという意識の確信である。意識に現れる限りでの他者は，意識と対立するものではなくなる。

　［著者注：個が神とつながることで，イデア的なもの，真実を捉えることができるようになる。皆と共有できる理性が生まれる。青年期においてしばしば，自分が絶対とする真理，「イデオロギー」の下に，それを共有する仲間集団が形成される。この「絶対的真理」を基に，自然や世界を観察し理解しようとする］

A. 観察する理性

Beobachtende Vernunft.

　理性は，物の本質であるとともに，意識の本質でもある。理性が観察する意識として物におもむくとき，理性は物の真実を自我に対立するものという姿で捉えたいと考えている。

a）自然の観察

Beobachtung der Natur.

　理性が目印となる性質を，その本性のままに自立を本質とするものではなく，対立物へと変化してゆくものとして捉えようとすると，そこに求められるのは，法則ないし法則の概念である。探求する意識にとっ

て，感覚的存在から自由になった純粋な法則が，真理として現れる。

　無機物［著者注：いわゆる物質］はその本質からして，他と区別される性質を保持する。有機体［著者注：生物］は無限に流動し，自他を区別する基準となるような性質が次々と解体される。つまり，他である物を空気や水や栄養を解体し，自分のなかに取り込む。有機体は他と関係しつつ自己を保持するような存在である。

　有機体とは目的そのものが物の形を取ったものである。目的として存在する現実の有機体が外界との間に目的にかなう関係を結ぶ。目的を備えた有機体は目的があるように振る舞う他にない。自己意識についても同じであり，物に目的が備わっているという物の概念のうちに示されている。

　外面が意識の対象であるのと同様，内面も意識の対象である。内面にある有機体の本体は，単一の魂とか，純粋な目的概念と呼ばれる一般的な力である。内面と外面とを関係づける法則は，単一な有機的性質で，「感受性」，「反応力」，「再生能力」の３つである。現実の有機体は，自立した生命とそれ自体で存在する外界とを統合する中間項である。

　b）自然の観察純粋な状態にある自己意識の観察，および，外的現実と関係する自己意識の観察－論理学の法則と心理学の法則

　Beobachtung des Selbstbewußtseins in seiner Reinheit und in seiner Beziehung auf äusere Wirklichkeit; logische und psychologische Gesetze.

　観察する意識が自分に還ってきて，自由な概念として現実に活動するものに目を向けるとき，真っ先に目に付くのが「思考の法則」である。

　観察する意識は，思考と行為のつながりを自覚していないので，思考の法則はあくまで一方の側にあり，他方の側に行為する意識がもう１つの存在として対象になると考える。この行為する意識は，外界を否定し，己の否定力を正視するという形で自立した現実存在となる。「行動する現実的な意識」という観察領域を扱うのが心理学である。

c）自己意識の直接の内的現実への自己意識の関係の観察－人相学と頭蓋論
Beobachtung der Beziehung des Selbstbewußtseins auf seiner unmittelbare Wirklichkeit; Physiognomik und Schädellehre.

　個人は外に向かっても内に向かっても存在する。自覚した存在として自由に行為するだけでなく，それ自体としても存在する。この二面が対立する。意識の運動と，確固たる存在として現れる現実，つまり個人の「肉体」との間の対立である。

　言葉を発する口や労働する手は物事を実現し成就する器官である。そこには内面そのものが込められている。外に出ていった言葉や労働のもとに，個人はもはや自分を保持することも所有することもできない。そこでは内面がまったく外に出されて他人の手に渡されている。

　内面と外面とを統一する中間項としての器官［著者注：身体］は，それ自体，外面的な存在である。同時に，この外面性は内面性へと取り込まれている。中間項が内面へ取り戻された表現なら，何気ない顔や身体の動きや形も中間項と考えられる。

　神経組織は運動する有機体が静止したような状態を表している。神経自体は，すでに外へ向かう態勢を取った意識の器官だが，脳と脊髄は自分のなかでじっとしていて，対象にもならないし，外へも出ていかない自己意識のありのままの現在を示すものと言える。脳において自分に還っていく精神は，純粋な流動体と肉体的な分岐の中間にある。

B．理性的な自己意識の自己実現
Die Verwirklichkeit des vernünftigen Selbstbewußtseins durch sich selbst.

　自己意識は物が自己であり，自己が物であることを発見した。意識が積極的に関係する対象は自己意識である。意識は自分が元々相手から承認されていることを知っていて，そのとき意識は精神である。

　［著者注：このあたりから，共同体精神 Allgemeinheit（一般性）として，

社会性が出てくる。画期的な長谷川訳は，同じドイツ語をちがう日本語に訳したり，ちがうドイツ語を同じ日本語に訳したりしている。特に「共同体」という語に関して，それが著しい。原語に対応する従来の日本語を（　）で示す］

　自己実現に向かう理性は，最初は自分を一個人として意識し，一個人としての自分の現実の姿が他人のうちにも生み出されることを要求せざるを得ない。その意識が共同体精神（一般性）にまで高まると，その意識は共同体的（一般的）な理性となる。その意識は単一の精神的存在であり，それが意識にもたらされると，現実の共同体（実在的な実体）となる。理性の概念は共同体精神の王国として花開く。

　自己を意識した理性の自己実現は，他人の自立を認め，そこに他人との完全な統一を実感する。世界に行き渡る流動的な共同体精神（一般的実体）としての理性は，不動の単一物である。絶対的に自立した無数の点たる個人は，単一の自立した共同体精神（実体）に溶かし込まれるが，同時に，自立した存在でもある。

　自分の欲望を満たすための個人の労働は，自分以外の他人の欲望をも満たす。自分の欲望も他人の労働を通じて初めて，満足を与えられる。万人が私を含む他人の力で生かされている。

　必然の道筋として，純粋な個の意識が現れてくると，共同体精神と素朴に一体化してそこに安住できるといった信頼感は失われる。孤立した自分こそ本体であり，共同体精神は本体ではないと感じられる。個人は法律や習慣と対立するようになる。それらは現実性のない理論で，私という個人こそが生きた真理ということになる。

　［著者注：共同体精神と一体化していた個は，だんだんと自己中心的に考え，振る舞うようになる。青年期において，すべて世界のことがわかったと思い込み自己過信し，周囲と対立するのに当たるように思われる］

　精神の可能性を予感しているにすぎない自己意識は，個としての精神こそ本質を成すと確信してこの道へと向かうので，その目的たるや，個

としての自己を実現し，その実現を個として楽しむというところに置かれる。

a）快楽と必然性
Die Lust und die Notwendigkeit.

　自己意識は生命あふれる場に飛びこみ，身にまとう純粋な個性を存分に開花させようとする。他の自己意識が自分と同じ自己を持つものだと認識している自己意識にとって，自他の分離は決定的なものではない。自己意識が獲得する快楽の満足とは，自立しているように見える意識のうちに自分を実現したいという意識であり，2つの自立した自己意識の統一を見て取ることである。自己意識はもはや「この個」として対象となるのではなく，自分と他の自己意識との統一が対象となり，個ではなく「共同存在（一般的なもの）」としての自己が対象となる。

　［著者注：素朴に他者を意識した自分の快楽の追求で，共同的なものが実現されると思っている］

　快楽のなかで得られる満足感は，自分が自己意識として対象化されるという肯定的な意味を持つとともに，自己自身を破棄するということになるという否定的な意味をも持っている。ここでは個人はもっとも貧しい姿で自己を実現したばかりのところで，抽象的な理性として，あるいは，自分のなかの自己と他人のなかの自己をそのまま統一したものとして存在するに過ぎない。

　快楽の満足感とともに自己意識において本質的に対象化されるのは，純粋な統一，純粋な差異とその関係，という空虚なカテゴリーの展開である。そうした抽象的なものの展開こそ，「必然性」と名付けられるものである。単純な個人は，自分の生命力の欠如を意識するばかりで，手にするのは，自分を支配する空虚でよそよそしい必然性，死んだ現実である。

　［著者注：快楽の追求では空虚な現実しか手に入らない。運命の必然性を認識する］

快楽という自己意識の形態は，最後に，自分の生活が運命の必然性に呑み込まれる様を思考し，運命を自分とはまったく異質な存在と捉える思考になった。意識が自分のうちへと還ってゆき，運命の必然性を自分の本質として認識するとき，意識は新しい形態を取る。

b) 心の掟とうぬぼれの狂気

Das Gesetz des Herzens, und der Wahnsinn des Eigendünkels.

運命の必然の真相が意識の下に現れるとき，そこでは意識そのものが必然的なものとなる。意識は一般的なものや掟がそのまま自分のうちにあることを認識する。この掟は意識が自分に直に備わっていることを自覚しているという意味で，「心の掟」と名付けられる。

　［著者注：意のままにならない現実があり，必然的な掟があるのを自覚する。青年期に，自分の限界を知り，運命の掟があるのを知ることに似ている］

実現されるべき現実とは対立するような現実があり，掟と個々人の心に矛盾するものがある。一方には，個々人を抑圧するような掟があり，他方には，その秩序の下にあって苦しむ人間がいる。心の掟に矛盾する必然的な現実を克服し，その現実が生み出した苦しみを克服することが，心に掟を持つ個人の目指すところとなる。この個人は自分だけの快楽を求める軽薄さを脱し，高邁(こうまい)な目的に真面目に取り組み，自分の卓越した志を表現し，人類に幸福をもたらすことこそが快楽だと考える。

個人は自分の心の掟を実現し，掟は一般的な秩序となる。しかし，実現された掟は，実際は，個人の手を抜け出してしまっている。実現された掟は共同体（一般的）権力となり，個人の心にとってよそよそしいものとなる。

共同体（一般性）を，自分がそのまま自分に向き合うものとして認識しようとする個人は，自分を離れたこの共同体のうちに自分を認めることができない。しかし，その共同体は自分の作り出したものである以上，自分がそこに属することを否定できない。

　［著者注：初めは人々の苦しみを克服すべく掟を忠実に守り，人々に幸福

をもたらす現実を実現しようとする。掟はやがて一般的な秩序となり，逆に個人を圧迫するようになる］

　意識を持ちつつ没落していくこの有様と，そこでの経験の結果を自己意識が口にするとき，自己意識の内面の転倒ぶりたるや，現実をそのまま非現実だとみなす意識の錯乱として現れる。掟を心に持つ意識は，自分を現実的なものとして意識していながら，同時に，この現実が疎外されてよそよそしいものになっているから，絶対の現実性を持つはずの自己意識が，自分を非現実的だと意識せざるを得ない。人類の幸福を目指す胸の高まりが嵐のような狂気のうぬぼれへと転じる。

　自分こそ現実だと思い上がる個人が自分を放棄するとき，初めて現実性を帯びた存在となる。個ではなく共同存在（本質）として掟のなかに生き，個につきまとう錯乱状態を自覚し，個としての意識を放棄しなければならないと考える意識の形態が「徳性」と呼ばれるものである。

　［著者注：現実が認められなくなり，錯乱する。そして思い上がった自分を捨て，共同存在として掟のなかに生きることにする。青年期において，自分の浅はかさを知り，大人社会の掟を認めざるをえなくなることに相当するように思われる］

　c）徳性と世のならい

　Die Tugend und der Weltlauf.

　「徳性」の意識にとって，掟こそが本質的であり，個は放棄されるべきものである。意識には，各自の個性に訓育を施すことによって，真かつ善なる共同体精神（一般的なもの）を身に付けさせる。

　「徳性」に対立する「世のならい」の下では，個性は真かつ善なるもの（共同体精神）を己の支配下に置こうとする。

　「徳性」の意識にとっては，共同体精神（一般的なもの）は，信念として，あるいは潜在的に，正しいと思われているに過ぎない。つまり，その共同性（一般性）は現実に存在する共同性ではなく，抽象的な共同性である。

［著者注：青年期やその最後段階に位置する後青年期において，理想社会を実現する理念に燃えて，それを論じ実現しようとする現実離れした傾向が，これに当たるだろう］

　ここでの共同体的な善とは，「天賦の才」，「能力」とか言われるもので，広く共有されながら，それが生き生きと動き出すには個の原理の助けが必要で，個のうちでのみ現実に力を発揮する。「徳性」の意識は，相手となる「世のならい」を善に対立するものとみなしている。敵との実際の戦いなどにおいて，「徳性」の意識に戦いの「天賦の才」などが示される。それは，共同の善なのだが，抽象的な善にとどまらず，個の生命を吹き込まれ現実的な善である。［著者注：能力などが発揮されて，現実的な善となるには，個が放棄されてはならず，個が必要である］

　「徳性」の意識が「世のならい」に接すると，常に善の存在が見て取れることとなり，善は「世のならい」の本体を成すものとして，世のあらゆる出来事のなかに不可分に絡み合うことになる。

　［著者注：青年期や後青年期にしばしば，現実離れした理念を実現しようとする。が，実現へ向かえば向かうほど，汚いと思っていた大人社会の現実を思い知らされ，それに打ち負かされる。汚いと思っていた大人の現実的行為のなかで，純粋ではないが，常にいくばくかの善が実現されているのを知る］

　抽象的で非現実的な本質を自らの目的とし，現実に関しては，言葉の上での違いでしかない違いにこだわる「徳性」の意識は，「世間［著者注：世のならい］」に打ち負かされてしまう。「徳性」の意識は，個人を原理とする「世の成り行き」は善の転倒したものとみなしている。しかし個人こそ現実の原理なのである。

　「世間」と「徳性」との対立のなかで，「世のならい」は「徳性」の思いを征服してしまう。本質を欠いた抽象体を本質とする「徳性」の意識は，「世間」に太刀打ちできない。

　「徳性」と「世のならい」との対立から，意識は現実性を持たない潜在的な善の観念を，意味のない外套のようなものだとして，捨ててしま

う。個がまさしく潜在的な善を実現する力である以上，個の放棄によって善を達成しようとする方法は捨て去られる。

「成り行き」任せの個人は，自分だけのために利己的に行動していると思い込んでいるかもしれないが，実は思い込みの上を行く存在であって，その行為は同時に潜在的な善を実現する共同の行為でもある。利己的に行動しているというのは，自分のしていることを知らないだけである。

潜在的な善に対立すると思い込まれた利己的な目的，ずる賢い振る舞いなどは，消えてなくなる。力の使用と発現した力の戯(たわむ)れこそが生命を与える。萌芽状態の抽象的な共同体精神に生命が与えられ，個人の生き生きした現実の動きが，共同体精神（一般的なもの）を体現する。

［著者注：個を放棄することが共同体精神を実現する道だと，非現実的に思い上がっていた。共同体精神を純粋に追求することが，逆に非現実的に自己中心的になっていることに気づく。現実の善は，個がなくては実現しない。それにとどまらず，自分勝手に行動していると思っていた個人も共同の行為をなしていて，潜在的に善を実現している。それも現実的な共同体精神を実現しつつある。個の現実的な活動が共同体精神に生命を与える。そして高次の「脱中心化」が実現される］

C. 絶対的な現実性を獲得した個人

Die Individualität, welche sich an und für sich reell ist.

自己意識は，物の世界すべてに行き渡っているという自己確信，概念を今や自らのものとし，共同体精神（一般的なもの）の天賦の才や能力と個人との相互浸透の運動が，自己意識の目的ないし本質となる。絶対的に自らの現実性を確信する理性は，自他の区別を超えたカテゴリーそのものを意識の対象とする。本質と目的が申し分なく目の前の現実と一体化していることが確信され，潜在的な共同体精神（一般的なもの）と顕在的な個人とが浸透し合っている。行為がそのまま真理であり現実で

あって，個人の表現や発現が過不足なく行為の目的となる。

　[著者注：自己意識は個々人の自己意識とその行為を意識し，その意識が物のすべての世界に行き渡っているということを確信している。個々人の自己意識と現実の行為が相互浸透して，潜在的に共同体精神を実現している。成人となった青年は，自分の行為が全体を実現するための一部分であることを知り，他の人々もそのように行為しているのを知る]

　自己意識は一方にカテゴリーがあり，他方に観察や行動を通じてそれと関係する自分がある，という対立の構図を抜け出している。自己意識は純粋なカテゴリーを自分の対象とし，カテゴリーがカテゴリーを意識するという形になっている。個人が自分の形態を表現する場は，純粋にその形態を受け入れてくれる場であって，意識は白日の下に己を示そうとする。行為は何ものも変えず，何ものにも向かわず，ただ，見えないものを見えるものへと移し替えるというだけのものとなる。表に表現される内容は，元々この行為に潜在していたものである。

　[著者注：私の自己意識には，すべての個々人の自己意識とその行為が含まれている。それだけでなく，共同体精神も含まれている。私の自己意識は単なる意識を越えてカテゴリーとなっている。時々刻々，カテゴリーが次の瞬間のカテゴリーを意識するという構図になっている。若い成人は，自分の行為することの中に社会全体が含まれ，実現された行為そのものの中にも社会が含まれ，自分が時々刻々，行為することが社会全体を実現していることに他ならないのを知る]

a）精神の動物王国と欺し－価値あるもの
　Das geistige Tierreich und der Betrug, oder die Sache selbst.
　現実性を獲得した個人の知識としてある現実は，内実も内容もない抽象的な一般現実であって，ただカテゴリーとして思い浮かべられているに過ぎない。

　個人にとって，自由で安定した意識の下にある一定の輪郭を持った生まれつきの自然体（素質）が，生きる目的となり得る直接的で唯一の本

格的な内容である。それは個性の浸透したものの姿であり，個としての意識が自ら保持する現実の姿である。

行為は最初には意識の対象として，意識の側にある対象，目的として存在し，目の前の現実とは対立する関係にある。次に，目的が現実へと移りゆくための手段が考慮される。最後に，行為者の外に出て，行為者に他なるものとして向き合うような対象［著者注：意識が作ったもの］が現れる。

行為は表に現れていないものを，明確な存在の形へと移し替えるだけである。行動へと赴く意識は，影のような目の前の現実に惑わされてはならず，自分の存在の根源にある素質にしっかりと目を据えなければならない。潜在的なものを顕在化するために行動が起こされるので，行動とは精神が意識となって現れることである。意識はいきなり始めなければならず，意識の有様と潜在的な素質は，始まりと手段と終わりとがすべて1つになったものである。

個と現実との無限の浸透を確信する意識は，自分自身の姿を捉え，行為の成果とは意識が己に形を与えたものである。潜在的な個人が顕在化したものである。成果のなかで自己と向き合う意識は，一般的な（共同体精神的な）意識であって，作品のうちにある自己についても，それが社会一般（一般性）とつながり，どこまでも広がっていくような場にあるものと捉える。

［著者注：私の自己意識にはすべての個々人の自己意識と共同体精神が含まれている。そして，私は行為する。対象を作る。行為の成果が現れる。その成果は私に対してあるだけでなく，すべての個々人と公共の前にある］

現実と完全に一体化した個人においては，状況，目的，手段，実行行為などすべての要素が，同じように含まれ，一定の素質はそれらに行き渡る共通項となっている。個の素質が成果として対象化される。

成果に込められた素質は，内容も形式も現実的であって，素質に染まった現実そのものが自己意識に対立する現実となる。成果がそこにあ

るということは，他の個人に対しても存在するということであり，他の個人にとってよそよそしい現実としてあることになる。他人の成果への関心は，当人の関心とは質を異にする。他人の目にさらされることで，成果の意味が変わり，成果は他人の能力や関心とぶつかり合うなかで，抹殺されていく。個人の有様の完成体というより，個人の有様の消えゆくものとして，表現するものとなる。

　意識の本質を成す概念と現実との不整合を，意識はその成果のなかに見てとる。概念と現実性が，目的と本当の素質とに分裂する。意識ははかない成果を抜け出して，自分のうちへと還り，自分の持つ概念や確信こそ，持続的な存在だと主張する。現実と意識との統一が真の成果である。それが恒常不変のものとして経験される「価値あるもの（物事そのもの）」である。別々に考えられると対立するが，現実と個人が浸透し合うところにその本質がある以上，これらを統一する力を持っている。

　［著者注：私が作った物は，私とは関心を異にする他人の目にさらされ，対立し抹殺される。私の意図と現実の不整合を経験する。私は自分へと還り，私の自己意識にある概念と確信こそが持続的なものだと考え，それが「価値あるもの」だと思う。若い成人は，自分が社会のため，世の中のためと思って作った物に価値がある，値打ちがあると確信している。やや自己中心的となる］

　「価値あるもの」は意識の自己確信が対象的な本体，物事として現れ，自己意識の個性を刻印して現れてくる対象でありながら，対象としての自由な姿を失わない。「価値あるもの」には個人と対象世界との相互浸透の様が対象化されている。自己意識は自分の本当の姿をそこに捉え，自分が共同体に生きる存在（実体）であることを意識する。

　「価値あるもの」という観念に思いを致し，広く形式として認められた社会的価値（形式的一般性）にこそ物事の真理があると考える意識は，「誠実な」意識と名付けられる。この意識は常に社会（形式的一般性）のためにということだけを考え，個々の行動や場面でもそのことに

心を砕き，ある局面や視点からしてそうした価値に至り得ない場合，必ず他の場面や視点でそこに至りうると考え，もっと，そうした意識に与えられてしかるべき満足感を，実際に常にわがものとする［著者注：視点を変換し，他者の視点を考慮に入れて，社会的価値を冷静に判断できる］。

　しかし，視点などの見方を変えると，そこには対立があるのも意識せざるを得ない。個人の行為は全体の行為でもある。意識が「価値あるもの」の抽象的な現実性だけに目を向けているように見えても，実際は，自分の行為が「価値あるもの」としてあって，意識はそれにも目を向けている。意識が自分の利害や自分の行為だけを目指しているように見える場合，そこでも「価値あること」が永遠不変の現実として視野に入れられている。

　「価値あるもの」が内容として登場するとき，いずれ消えてゆくより仕方なく，消えた後には次の「価値あるもの」が現れる。内容を構成する要素の1つ1つは，意識によって明るみに出され，他人の目に触れるものとなる。意識は同時にその場を去り，自分のうちに還り，対立する要素を内に抱え込んで，それこそを自分独自のものだと保持する。意識は，一方を独自の本質的な要素として反省的に捉え，他方を外向け他人向けのものとして扱う。それぞれの個人が自分に対しても他人に対しても，欺したり欺されたりといった関係に立つ。

　［著者注：「価値あるもの」も視点を変えると，対立する要素を含めざるをえない。自分向けと他人向けとに分けたりすることになる。若い成人は，世の中のために価値のある物をひたすら作り，自分の独自性を主張する。しかし，必ずしも他者に受けるとは限らないことを思い知る。自分向けと他人向けとに使い分けたりする］

　重要なのは行為そのもの，個性の表現だけだと見るとき，実際に経験されるのは，万人が関わりを持ち，参加を要請されているという事態である。この場合には，純粋な行為や一個人の独自の行為ではなく，他人にも開かれたもの，「価値あるもの」が取り組みの対象となるという

ことになる。個々人の行為でもあれば，万人の行為でもあるような社会的存在（本質），ありとあらゆるものが関わりを持つ存在，「精神的存在（本質）」が経験される。意識はこれまで挙げた行為の要素が，一般的な（共同体精神的な）「価値あるもの」のうちに流し込まれていくのを経験する。「価値あるもの」は個性の浸透した共同体精神となる。それは，すべての個人を内に含んだ個人としてあるような主語（主体）である。ありとあらゆる人々の行為（存在）としてのみ成り立つ共同の存在（一般的なもの）である。

　［著者注：私の個性の表現として行為を行っても，万人がそこに関わる。万人にとっても「価値あるもの」が要請される。そういう「価値あるもの」は私の個性の浸透した共同体精神である。若い成人は，自己中心的に思い込んだ価値のある物を作るのではなく，世の中の大勢の人にとって価値のある物を作ることを心がけるようになる。一般的な世間を意識するようになる］

　b）理性による掟の制定

　Die gesetzgebende Vernunft.

　個人の生まれもっての資質は潜在的に個人の活動の場であり目的であるという積極的な意味を失って，消極的な意味しか持たなくなる。個人は共同体（一般的なものそのもの）のうちに生きる自己となっている。

　ここで意識の対象となるのは，絶対的に価値があるという意味での存在であり，価値である。ここで言う価値あるものとは，共同体の秩序（道徳的実体）であり，そこに生じる意識は共同体意識（道徳的意識）である。

　これは絶対的な秩序であり，そこに自足する自己意識は，もはやこの対象を超えて出て行くことができない。いくつかの領分に分けられ，その1つ1つが特定の掟という形を取って，絶対的な秩序の一翼を担う。

　自己意識は自分のうちに共同体の存在（実体）を自覚する働きがあるのを知っているから，掟が心のうちにある様を，健全な理性にとって何が正義で何が善なのかは明々白々だという。

［著者注：私の行為が「価値あるもの」であるためには，共同体秩序を担わなければならなくなる。その共同体秩序は，掟として現れる。若い成人は，世間での掟を自分なりに取り入れる。それを行動指針とする。やや自己中心的に掟を定める］

無条件に守るべきだとされる義務も，現実的には条件付きで行われる。健全な理性である道徳意識は，義務についての最初の一般的発言に条件が付いたことによって，最初の命令は元々そういう条件で考えられていたのだと説明する。しかし，そうなると，それ自体で完結した誰もが守るべき掟を表現するはずの命題が，偶然に左右されるものとなる。知性を欠いた愛は，隣人に害を，もしかすると憎しみよりも大きな害を与えるかもしれない。掟も絶対的な道徳律に要求されるような完全無欠の内容を表現するものではなくなる。

共同体秩序は，単に基準を提供してくれるものに過ぎなくなる。今や，掟を定める理性が，掟を吟味する理性に格下げされる。

［著者注：掟は義務として私に意識される。しかし，義務も現実には条件によって左右され，単なる基準に過ぎない。若い成人は，世間の掟が結構いい加減なものだと知る］

c）理性による掟の吟味

Gesetzprüfende Vernunft.

吟味する意識にとって，掟は前もって与えられている。意識は現実の内容につきまとう個別性や偶然性の考察へと踏み込むことなく，ありのままの単純な内容を受け入れ，命令をあくまで命令として見，それと単純に関わりつつ，それを基準として内容を吟味する。

［著者注：自分から内発的に「価値あるもの」を意識して掟を制定した意識ではなく，掟を吟味する意識には，掟は前もって外から与えられている。それは共同体の法として現れる。若い成人は，世間の掟を自分なりに検証する。やや自己中心的に掟を評価する］

共同体の法にとって肝心なのは，掟がそれ自体で安定し，内部で完結

した安定性を持つがゆえに，揺らぐことがなく，無条件に善しとされる点にある。法の制定と吟味の示す運動は，共同体秩序を生きる意識のあり方を表現する。かつての誠実さは形式的に誠実か不誠実かが問題となったが，ここでは善と正義のあるべき内容と関わり，その実質的な真偽を吟味し，健全な理性と知的洞察力を用いて，命令に力と正当性を与えようとする。

一方で，現実の掟を不当に制定する。特定の掟は偶然の内容を持つので，それをそのまま掟として立てるのは，わがままな思いつきを掟にし，それに服従させるのが秩序を守ることだと言い張る専制君主の暴政に等しい。

他方で，現実の掟から不当に離脱する。絶対の掟から自由になるのだと称して，掟を吟味の対象とはならない恣意とみなす。

いずれの場合も，現れているのは実質的な精神的秩序たる共同体を否定する姿勢である。こうしたあり方が克服されると，意識は共同の世界に還っていく。個と共同体の対立は消滅する。自分勝手な掟が通用するのではなく，それが克服されて共同体の掟となるとき，精神的存在として現実の共同体が現れる。

［著者注：法を不当に制定して服従させるのも，それが現実に合わないといって無視するのも，共同体を否定することにつながる。この立場を克服して，現実の共同体を体現する本来の掟を定める必要がある。若い成人は，自分勝手に掟を作って周囲をそれに従わせるのでもなく，また，世間の掟を無視して勝手気ままに振る舞うのでもなく，真に世間に通用する掟を自分に定める。「精神」の段階へと至る脱中心化を行う］

さまざまな要素を統一する力は，意識の自己のうちにあって，それが精神の世界に移し入れられる。精神の秩序は初めて自己意識にとって，本来の掟として存在するようになる。形式的で一般的な吟味は破棄され，正真正銘の絶対的な万人の純粋意志がそのまま形をとって現れる。「……すべし」と命令するだけでなく，皆に受け入れられて実行され

る。すべての自我のうちにあるカテゴリーがそのまま現実となったのが永遠の掟である。

D. 精神 Der Geist.
(BB. 精神 Der Geist.)

物の世界すべてに行き渡っているという理性の確信が真理へと高められ，理性が己自身を世界として，また，世界を己自身として意識するに至ったとき，理性は精神である。

先ほどまでの意識はいまだ共同体（実体）から切り離された個であって，自分勝手な掟を立てたり，絶対の掟を知っていると思い込んで，自ら掟の評価に乗り出したりした。これを共同体（実体）の側から言えば，絶対の精神的存在（本質）たる共同体（実体）が，いまだ自分自身を意識していない状態である。

絶対の精神的存在（本質）が，同時に現実の意識として存在し，自分自身をイメージするに至ったとき，精神となる。精神的存在（本質）はこれまで「共同体秩序（道徳的実体）」の名で呼ばれてきた。が，精神は現実の共同体（道徳的現実性）そのものである。

［著者注：「共同体の側から」というところがわかりにくい。共同体を1つの生き物のような大きな実体と考えて，それが自分自身を意識する。自分自身をイメージしたとき，精神となる。そのように理解できると思われる。その精神を各人は分有化する。精神は共同体のすべての成員を内に含んでいる。その統一体としてある。こう述べると，個人の意識からはかけ離れた大きな意識のように思われ，現実のわれわれの意識と次元が異なるように見える。しかし晩年のフッサールは，個人の意識のなかにすべての他者が内在化されて，現在のなかで潜在的に働いていることを，「全モナド Monadenall」という概念で言っている（Husserl, 1973c; Held, 1966）[17,11]。このことと比較してみると，ここで言う精神は，個人の意識のなかで働いているすべての共同体成員の意識と解釈することもできる］

精神は現実の意識の核心（自体）を成す。現実の世界として意識の対象となる精神は，意識と対立するものではある。しかし，意識の核心に達したものにとっては，世界が自分と疎遠なものという意味をすべて失っている。

　共同体秩序（実体），広く世界を支配する（一般的な）全一的な（自分自身同等にとどまり続ける）精神的存在（本質），精神は，万人の行為を支える確固不動の土台であり出発点である。同時に，すべての自己意識の思考のうちに浮かび上がる目的であり，目標である。この秩序（実体）は，ありとあらゆる人の行為によって作り上げられた万人の統一と平等を示す作品である。

　［著者注：若い成人は，世間のそれぞれの人々がそれぞれの立場でどのように考えているかを意識することができるようになっている。そういう人々の全体が社会を構成しているということもわかるようになっている］

　共同体秩序（実体）としての精神は，揺るぎない公正な自分自身平等であることとして現れる。しかし，共同体秩序（実体）は自身を振り返る存在であり，解体され犠牲になる親切な存在（本質）である。その下で各人は自分の仕事を成就し，共同体秩序（一般的存在）を食いやぶってそこから分け前を得る。この存在（本質）の解体と個別化が万人の行為と自己の契機である。万人の行為と自己の契機は，共同体秩序（実体）の運動と魂である。

　生きた共同の（道徳的）世界が，本当の精神である。精神はさしあたり自分を抽象的に知る。それから共同体精神（道徳性）が破壊されて，形式的一般的な法となる。内部分裂した精神は，非情な現実のなかに「教養の世界」を構想する。思考のなかには，「信仰の世界」ないし「神（本質）の国」を構想する。

Ⅳ パーソナリティ発達における『精神現象学』の意味

　この段階で,「共同体秩序（道徳的実体）」が「現実の共同体（道徳的現実性）」そのものとなった。ここから先も延々と「精神」が発展していく。この「精神」というのは，個々人の精神というより,「社会」自体を言っている。それが弁証法的に発展していき，それに対して個々人がどのようにあるかが述べられていく。

　個々のパーソナリティの発達を主眼とするここでの意図から，多少外れるように思われる。また，この先の記述も参考になるとは思われるが，一応，ここで終了する。

　意識が共同性＝社会性を獲得してゆく過程をヘーゲルは論理的に述べている。パーソナリティ発達と関連させるならば，子どもの「社会化」の過程に対応するだろう。子どもが自分を意識し，他者を意識し，他者たちから成り立っている社会を意識し，そして，社会を成り立たせている社会制度と自分との関係をどのように論理的に位置付けるかの参考になると思われる。

　が，残念ながら，具体的，直接的に，いまここでそれを行うには，準備不足なので，問題点の指摘だけにとどめる。

第17章

付論4　分裂機制に関する考察
Consideration on Schizoid Mechanism

　クライン Klein, M. の発達論において,「分裂機制 Schizoid Mechanism」をめぐる問題は, 重要な位置を占めている (1946)[22]。しかし, 二者関係の対象における「『全体』と『部分』の論理学」で, かなり整理できると思われる。

　そうすると,「分裂機制」というのは, 早期発達固有の問題ではなく, 生涯のいつの時期にでも起こり得る二者関係の問題ということになる。それが早期発達において意味があるのは,「心の理論」の発達のおかげで, 他者から見た自己という観点を得ることができ, これが, 発達早期において分裂した自己を統合するために必要な「全体」的な見方を発達させるからだろう。宇宙からあるいは月から地球を見れば, 国々のさまざまな対立にもかかわらず, 地球がまとまった1つの星に見えるのと似ている。これは同時に, 他者についての「全体」的な見方の発達をも促す。

　もし, 広汎性発達障碍やある種のパーソナリティ障碍のように,「心の理論」の発達が未熟であるとか, 統合失調症のように「心の理論」が一旦発達した後に崩壊するということが起こると[50],「分裂機制」が非常に出現しやすくなる。これがある意味で,「早期発達への退行」だと見えてしまうのではないかと思われる。

ここでは，フッサール Husserl, E. の『論理学研究』(1922)[12] における「全体と部分の純粋形式の理論のための考察 Gedanken zu einer Theorie der reinen Formen von Ganzen und Teilen」を用いて整理してみる。

　以下の議論はあくまで二者関係の問題であり，その基盤には欲求とか衝動の「満足」対「不満足」，つまり「快と不快」というプラスとマイナスの二分法がある。空腹感，寒さ，不安，あるいは性的欲求など，そのつどそれぞれがテーマとなる。クラインは主に母子をめぐる空腹感を扱っている。

　二者関係において空腹感や不安など，二分法のテーマが出現するときには，おそらく，同じ論理が適用できる。したがって，二分法に従う任意の欲求をテーマ変数として，相手の対象を母親であれ，父親であれ，友人であれ，誰に対してもこの論理が通用し，一般化できるのではないかと思われる。ここでの二者関係も，相手の考えている内容までを含んでいないので，「相互主観的関係」ではなく，「相互的関係」にとどまる。

　付け加えると，クラインにも相手の「主観」を含んだ概念がある。Personification（人格化，擬人存在）がそれで，サリヴァン Sullivan, H.S. は発達論にとり入れた（Klein, 1929; Sullivan, 1953）[21,43]。が，充分に展開されなかったように思われる。

I 「良い乳房」と「悪い乳房」

　乳児が母親から授乳を中心に育児を受けるときに，対象関係が初めからあると，クラインは言っている。

　実験発達心理学の研究が示しているように，生後1カ月くらいの新生児ないし乳児でも，物体的対象を認知し弁別することができる。子どもの人物に関する描画は，必ずしも成人が見るようなプロポーションで，

人間を認知してはいないことがわかる。乳房を中心として一部を強調したり，触感をメインとしてはいるだろう。しかし，身体という物体を持ったものとして，母親や父親，あるいは祖父母を認知しているだろう。母親，父親，祖父母などは，それなりにそれぞれ全体を成しているだろう。

　授乳するのは常に母親であるとは限らない。人工乳のときには，祖母であったり，保育園の保育士であったり，父親であるかもしれない。

　「良い乳房」，「満足を与える乳房」を持っていて，自分に満足を与えるのが，いつも母親であるとは限らない。また，「悪い乳房」，「欲求不満を引き起こす乳房」を持っているのも，いつも母親であるとは限らない。

　子どものなかで，「快と不快という原理」を優先し，授乳だけでなく，不安を取るか与える，苦痛を与えないか与えるをも含めるならば，あるときには母親 M1 が「快」を与え，また母親 M2 も「快」を与え，あるときには父親 F1 が「快」を与え，別なときには祖母 GM1 が「快」を与えたとする。子どもの記憶のなかでは，M1, M2, F1, GM1 が，「快を与える」ということでまとまるかもしれない。

　それとは逆に，あるとき母親 M3 が「不快」を与え，また父親 F2 が「不快」を与え，祖母 GM2 が「不快」を与えたとする。こうしたときに，M3, F2, GM2 は「不快を与える」ということでまとまるかもしれない。

II　全体と部分ということ

　フッサールは，部分 Teil という概念について，「部分を，断片 Stück ないしもっとも狭い意味での部分と，全体 das Ganze の契機 Moment ないし抽象的部分 abstrakter Teil とに区分する。全体 G に対して，相対的に独立的なあらゆる部分を断片と呼び，全体 G に対して相対的に

非独立的なあらゆる部分を，この同じ全体 G の契機（抽象的部分）と呼ぶ」と言っている。

　例えば，感覚的性質の部分を成す契機である「感覚の色」は，現れるためには必ず空間を必要としている。空間という全体のなかか，その一部の空間で現れる必要があるので，非独立的な抽象的部分であり，「契機」である。しかし，空間のなかの一部分は，空間全体に対して相対的に独立しており，「断片」である。

　すると，「全体」というのはどのように定義されるのか。

　「全体というのは，統一的な基礎付け Fundierung によって包括され，しかもその他の内容の助力なしで包括されるような諸内容の総括 Inbegriff を意味する。そのような総括に属する諸内容を部分と名付ける」とフッサールは言っている。

　すると，ここで言っている「基礎付け」ということが問題になる。「ある α がその本質上，ある β も存立しなくては，存立することができない場合，α 種の内容は β 種の内容に基礎付けられていると定義できるだろう」と言う。

　ひどく抽象的でわかりにくい。先の例で言うと，1 つの α である α 1 を持つ M1 は，ある β である「快を与える」ということがないと，存立できないとする。別な α である α 2 を持つ M2 は，β である「快を与える」ということがないと，存立できない。別な α である α 3 を持つ F1 は，β である「快を与える」ということがないと，存立できない。別な α である α 4 を持つ GM1 は，β である「快を与える」ということがないと，存立できない。こうしたとき，α という種を成している内容 M1，M2，F1，GM1 は，β という種を成している内容「快を与える」に，基礎付けられている。

　ここで，「統一的な基礎付け」である β，つまり「快を与える」によって包括される「全体」ができあがる。ここの内容は β「快を与える」ということによって充分に包括される。他の内容の助力がなくても

包括される。「全体」というのは，いくつかの内容 M1, M2, F1, GM1 の「総括」を意味する。その「総括」に属するいくつかの内容 M1, M2, F1, GM1 は，「部分」である。

これらは「全体」に対して，相対的に独立しており，「契機」ではなく，狭い意味での「部分」，「断片」だと言える。

「不快を与える」ということについても，同じように「全体」と「部分」ができあがる。

III 細分化

実験発達心理学が示唆しているように，身体という物体を持った全体的なものとして，母親や父親，あるいは祖父母を認知しているだろう。母親も1つの身体物体として認知しているだろう。しかし，その母親が断片に分かれる。

フッサールは言う。「いかなる断片をも同一の仕方で共有しない諸断片を，排斥し合う sich ausschließend（離接的 disjunktiv）断片と呼ぶ。1つの全体を多数の排斥し合う断片へ区分することを，その全体の細分化 Zerstückung と呼ぶ。そのような2つの断片はまだ同一の契機を共有することはできる」。

「母親」というものが，「全体」を成していたとする。「母親」ということが，「統一的な基礎付け」となっていて，それが1つの「全体」を成していたとする。

そのとき，「快を与える」母親 M1, M2 と，「不快を与える」母親 M3 があったとする。「快と不快」原理を優先するならば，「快を与える」という仕方と，「不快を与える」という仕方は同一ではない。これらは同一の仕方で共有できない断片なので，排斥し合う断片となる。母親という「全体」は，細分化される。

Ⅳ 分裂 splitting

さらに，フッサールは言っている。

「実際，区分された連続体の隣接し合う諸断片にとっては，共通の境界が同一の契機である。諸断片が厳密な意味で離接的であり，したがっていかなる契機をももはや同一の仕方で持たない場合には，それらは別々 getrennt であると言われる」と。

境界が共有されていたなら，隣接していることになる。「快を与える」母親 M1, M2 と，「不快を与える」母親 M3 を例として挙げているが，これら3つだけでなく，もっと多数の Mx があったとする。そのなかには，「快を与える」と「不快を与える」という仕方以外の母親，例えば「中立的な」母親もあるとする。そして「中立的な」母親も，断片を成している。

こうしたとき，「快を与える」母親の断片と，「不快を与える」母親の断片は，母親という「全体」のなかで，同一の「契機」を共有できないだろう。境界を共有せず，隣接していない。

「快を与える」母親，M1, M2, ……, Mm を内容とする断片と，「不快を与える」母親，M3, ……, Mn を内容とする断片とは，離ればなれになってしまい，別々ということになる。ただし，別々であっても，母親ということは共有できている。これが統一的な基礎付けとなっていて，まだ母親という「全体」のなかにはある。

もし，この「快を与える」母親，M1, M2, ……, Mm を内容とする断片と，「不快を与える」母親，M3, ……, Mn を内容とする断片が，「母親」という「全体」に含まれなくなるということがあったとする。これはどのようにして起こりうるだろうか。

a) 初めから，「快を与える」母親と，「不快を与える」母親とは，違う母親で，「快を与える母親」と「不快を与える母親」というように分けられ

ていて，同一の「母親」ではないと認知されている場合で，「母親」という同じ「全体」に含まれていない。

b)「快を与える」母親と，「不快を与える」母親とは，緩く同一の人間として認知されているが，排斥し合う度合いが強度なため，「快を与える母親」と「不快を与える母親」のように分かれて，同じ「母親」という「全体」に含まれるのを止めてしまう。「母親」という「統一的な基礎付け」を引き下げてしまう。断片が独立化して，例えば，「快を与える母親」という「統一的な基礎付け」でもって，「全体」を成してしまう。「不快を与える母親」も別な「全体」を成して，それらは互いに関係がなくなる。

いずれの場合も，こういう事態がいわゆる「分裂 splitting」であろう。これは母親だけでなく，どのような対象に対しても起こり得る。臨床的には b) のような気がする。

V 快でも不快でもないものを与える母親

あるいはこうも考えられる。「母親」に対する経験のなかにはさらに，先に述べたように中立的な「快でも不快でもないものを与える母親」という経験があるとする。

「母親」に対する経験で，欲求を向ける経験に限定すれば，「快を与える母親」と「不快を与える母親」の 2 種類しかない。しかし，「母親」に対する経験は，欲求を満たすか満たさないかの 2 種類だけではない。子どもが「空腹感」などの欲求を向け，それを充足するか否かの 2 種類だけの関係に絞り込むのは，人間関係を限定しすぎるように思われる。成人の人間関係で，欲求を向けるのだけではない人間関係はつねにある。乳幼児の経験において「快でも不快でもないものを与える母親」であるということは充分可能であろう。これらを加味すると，「快を与える母親」と「不快を与える母親」と「快でも不快でもないものを与え

る母親」の3領域が形成される。「快でも不快でもないものを与える母親」の領域が，いわば境界を接することのできない他の2領域をくっつける緩衝材あるいは，かすがいの役割をしていると思われる。

　「快を与える母親」と「不快を与える母親」は，まったく性質が反対なので，共通の境界を持つことができない。接することができない。しかし，「快でも不快でもないものを与える母親」の断片が「快を与える」ということに関しても「不快を与える」ということに関しても，無関心，ニュートラルなので，「快を与える母親」と「快でも不快でもないものを与える母親」は共通の境界を持つことができる。

　両者の境界が「快を与える」という性質を持っているとする。それと同時に，「快でも不快でもないもの」である「別のもの」をも与えるという性質を持っていたとする。例えば，「ミルクを与えながら，鼻歌を歌う母親」という経験を子どもがする。空腹のときに，このような経験が与えられれば，「快を与える」という性質を持つ。「ミルクを与えながら，鼻歌を歌う母親」という経験は，「快を与える母親」という経験に属することができる。

　子どもに対して子守歌を歌うのではなく，単に「鼻歌を歌う母親」の経験をすれば，その経験は「快でも不快でもないものを与える母親」になる可能性がある。これも「快を与える母親」の経験に入れられるという反論もあるだろう。それならば，「テレビを見ている母親」でもよいだろう。とりあえず，「鼻歌を歌う母親」は「快でも不快でもないものを与える母親」の一部を成すとする。また，「ミルクを与えながら，鼻歌を歌う母親」という経験は，「鼻歌を歌う母親」の経験にも属する。したがって，「ミルクを与えながら，鼻歌を歌う母親」の経験は，「快を与える母親」と「快でも不快でもないものを与える母親」によって共有され，その境界となることができる。

　このことは「不快を与える母親」と「快でも不快でもないものを与える母親」の断片についても言える。例えば，子どもが空腹のときに「ミ

ルクを与えないで，鼻歌を歌う母親」という経験は，「不快を与える母親」に属する。また，「ミルクを与えないで，鼻歌を歌う母親」という経験は，「鼻歌を歌う母親」の経験にも属する。こうなると，「鼻歌を歌う母親」の経験は，一方で「ミルクを与えながら，鼻歌を歌う母親」を含んでいるし，他方で「ミルクを与えないで，鼻歌を歌う母親」をも含んでいる。「快でも不快でもないものを与える母親」である「鼻歌を歌う母親」は，「快を与える母親」と「不快を与える母親」の両者にまたがっており，いわば両者を連結するかすがいのような役割を果たすことになる。

したがって，「快でも不快でもないものを与える母親」は，反対の性質を持つ「快を与える母親」と「不快を与える母親」の間に立って，全体をまとめる役割を担うことができると言える。

この問題を厳密に検討してみる。

フッサールによれば，「隣接し合う断片は，共通の境界が同一の契機」となる。共通の「境界」が同一の「契機」となると言っている。部分の一種である「契機」という概念について，「全体 G に対して，相対的に独立的なあらゆる部分を断片と呼び，全体 G に対して相対的に非独立的なあらゆる部分を，この同じ全体 G の契機（抽象的部分）と呼ぶ」と言っていた。「断片」か「契機」を決めるのは，「全体 G に対して，相対的に独立的か，非独立的か」ということになる。

「ある内容 a とある内容 β の類の特殊性に基づく純粋法則が存立していて，その法則に従えば，一般に純粋な類 a のある内容は，純粋な内容の類の全総括，しかも β によって規定された全総括に属する他の諸内容の中でのみ，あるいはこの諸内容と連繋してのみアプリオリに存立することができるという場合に，ある内容 a はある内容 β に対して相対的に非独立的であり，あるいは，β とそのすべての部分によって規定された，諸内容の全総括に対して相対的に非独立的である。そのような法則が欠けている場合には，われわれは a と β に対して相対的に独立的と称

する」と言っている。

　「ミルクを与える母親」という類があるとする。「ミルクを与える母親」という類の中に，さらに「ミルクを与えながら，鼻歌を歌う母親」があるとする。この「ミルクを与えながら，鼻歌を歌う母親」という部分は，「ミルクを与える母親」と連繋してのみ，存在できる。したがって，「ミルクを与えながら，鼻歌を歌う母親」は，「ミルクを与える母親」に対して非独立的であり，「契機」である。

　また，「鼻歌を歌う母親」という類があるとする。「鼻歌を歌う母親」という類の中に，さらに「ミルクを与えながら，鼻歌を歌う母親」があるとする。この「ミルクを与えながら，鼻歌を歌う母親」という部分は，「鼻歌を歌う母親」と連繋してのみ，存在できる。したがって，「ミルクを与えながら，鼻歌を歌う母親」は，「鼻歌を歌う母親」に対して非独立的であり，「契機」である。

　集合の積のように考えればよいかと思われる。「ミルクを与える母親」と「鼻歌を歌う母親」の積の部分が「ミルクを与えながら，鼻歌を歌う母親」となり，両者に共有される。境界となる。しかし，「ミルクを与えながら，鼻歌を歌う母親」は，「快を与える母親」に含まれているが，「快でも不快でもないものを与える母親」には含まれていない。それでも，反発し合わないので，かろうじて「快を与える母親」と「快でも不快でもないものを与える母親」の境界を成す部分となれるだろう。

　同様のことが，「ミルクを与える母親」と「テレビを見ている母親」と「ミルクを与えながら，テレビを見ている母親」との間で成り立つとする。すると，このような「ミルクを与えながら，鼻歌を歌う母親」や「ミルクを与えながら，テレビを見ている母親」の契機は，「快を与える母親」に属しつつも，「快を与える母親」と「快でも不快でもないものを与える母親」の境界を形成していけると考えられる。

　このような境界は，「快を与える母親」と「不快を与える母親」との

間にはありえない。この両者は離れたところでしか共存できない。その間に「快でも不快でもないものを与える母親」を挟まないと,「快を与える母親」と「不快を与える母親」を含んだ「母親」という全体は成り立たない。

　オール・オア・ナンの思考法に傾きがちだとすると,「快でも不快でもないものを与える母親」の領域において,「母親」に対する経験を蓄積する能力が低い。その結果,緩衝材の部分が小さいか,ほとんどない。元々排斥し合う性質を持つ「快を与える母親」と「不快を与える母親」の両領域の経験がどんどん蓄積されてゆくと,磁石が反発するように「分裂」する。「快」と「不快」,あるいは「よい good」と「悪い bad」のカテゴリーには,「快でも不快でもない」や「よくも悪くもない」が含まれる。しかし,数学のように「真」か「偽」のカテゴリーには,「真でも偽でもない」は基本的に存在できない。オール・オア・ナンの思考法は,前者をあたかも後者であるかのようなカテゴリーの取り違え,カテゴリー・ミスをおかしているように思われる。

　一旦「分裂」すると,「快でも不快でもないものを与える母親」の領域は,あたかもなかったかのようになる。パーソナリティ障碍の患者に,このような領域を指摘しても,関心がないかのように振る舞うように思われる。

　後の議論を先取りするが,「快を与える母親」と「不快を与える母親」を統合する抑うつポジションの場合,この2領域は相変わらず反発力が強いので,間に「快でも不快でもないものを与える母親」の領域が必要なように思われる。

　経験が3分割的になされずに,グラデーション的に漸次変化する量的な度合いでもってなされる可能性もある。しかし,フッサールが『経験と判断』(1964)[13]で示したように,外的知覚や内的知覚において,述語的に判断される以前の前述語的経験でも,言語的,意味的に経験が判断される。言語的判断においては,肯定か否定か,そのどちらでもない

か，この3つの可能性しかない。仮に「少し」とか「大いに」などという程度を示す修飾がついたとしても，結局のところ，「快」に関していえば，述語は肯定か否定，あるいは，それに関して何も述べていないかだろう。

　ここでは「母親」という対象を取りあげたが，最初に述べたように対象は任意でよい。したがって，乳幼児期ではなく成人になってから，新しい対象，人物と出会った場合，この対象に関して「快」，「不快」，「快でも不快でもない」の3種類の経験がなされ，3領域を形成する。そして，「快でも不快でもない」の領域が小さい場合，「快」と「不快」の領域同士の反発力が大きいため「分裂」せざるを得ない。この領域が大きいときには，「分裂」しにくい，あるいは「統合」しやすいことになる。

　そうすると，「分裂」とか「統合」という問題は，オール・オア・ナンではなく，中性的な経験，「快でも不快でもない」経験をすることができる能力にかかっているということになる。

　言語を獲得していない乳幼児では，このことは言えないという反論もあるだろう。そもそもニューロンはオンとオフの反応しかできない。1本であれば，どちらかでしかない。ある対象に関する経験が，ニューロンの連鎖反応でもって作られるとする。連鎖全体の状態としては，「快」回路も興奮しておらず，「不快」回路も興奮しておらず，別な回路が興奮しているという状態はあり得る。したがって，「快」と「不快」ということに関して，言語を獲得していなくても，経験は「快」と「不快」，「どちらでもない」の3種類しかないことになる。

VI　快い私と不快な私

　乳幼児は，周囲の人たちのやっていることを模倣できる。母親の動作を見る。そして，乳幼児が自分としては同じと思える動作を自分でやってみて，喜ぶ。他者としての母親がやっているという認知と，「私」が

やっているという能動的な動作の意識とを区別している。原始的なレベルだが，「私」が行っているという意識，自己意識があると想定できる。ここで言う自己意識は，究極的には関係すると思われるが，ヘーゲルが言うような意味での自己意識ではなく，自分に所属しているという意識の意味で言っている。

　動作などは能動的なので，かなり明瞭な自己意識を伴うだろう。しかし，感情などには明瞭な自己意識を想定するのは難しいが，曖昧ながらあると考えてみる。

　ここでも，「快と不快という原理」を優先してみる。「快を伴う自己意識」の経験を，S1, S2, S4, ……, Sm としてみる。そして，「不快を伴う自己意識」の経験を，S3, S5, ……, Sn としてみる。もちろん，「快」も「不快」も伴わない自己意識の経験，あるいは「快」や「不快」ではない感情を伴う自己意識の経験もあるだろう。

　これらは，自己意識という「統一的な基礎付け」で，1つの「全体」を成していたとする。

　「母親」の場合と同様に，「快を伴う自己意識」の経験，S1, S2, S4, ……, Sm を内容とする断片と，「不快を伴う自己意識」の経験，S3, S5, ……, Sn を内容とする断片は，排斥し合う断片であり，そして，離ればなれになり，別々である。

　「快を伴う自己意識」の経験，S1, S2, S4, ……, Sm を内容とする断片は，「快い自己」の内容となり，「不快を伴う自己意識」の経験，S3, S5, ……, Sn を内容とする断片は，「不快な自己」の内容となるのではないかと思われる。しかし，ここでも「自己意識」という「統一的な基礎付け」でもって，「全体」と成している。

　上記の「母親」の分裂のところで述べたことが，ここでも起こり得る。初めから別々の「自己意識」としてまとめられているか，緩くまとめられていたのが，排斥の度合いが強度なため，別々の「全体」になり，互いに関係がなくなるかという「分裂」が起こる。

a）初めから,「快を伴う自己意識の経験」と,「不快を伴う自己意識の経験」とが,違う「自己意識の経験」となっている。これは,「快い自己意識の経験」と「不快な自己意識の経験」というように分けられていて,同一の「自己意識」ではないと,認知されている場合で,「自己意識の経験」という同じ「全体」に含まれていない。

b）「快を伴う自己意識の経験」と,「不快を伴う自己意識の経験」とは,緩く同一の自分の経験として,認知されているが,排斥し合う度合いが強度なため,「快い自己意識の経験」と「不快な自己意識の経験」のように分かれて,同じ「自己意識の経験」という「全体」に含まれるのを止めてしまう。「自己意識の経験」という「統一的な基礎付け」を取り下げてしまう。断片が独立化して,例えば,「快を伴う自己意識の経験」という「統一的な基礎付け」でもって,「全体」を成してしまう。「不快を伴う自己意識の経験」も別な「全体」を成して,それらは互いに関係がなくなる。

臨床的にはb）のように思える。

ここでも本章第V節で述べた「快でも不快でもない」経験が「自己意識の経験」においても,重要な役割を果たすだろう。

VII 他者から見た自己

ケース10（p.34）で,子どもが「心の理論」を,通常4〜6歳ころに獲得するということを述べた。ところが,これは明確に意識された形での獲得を言っている。最近は,1歳までの乳児に見られる「指さし」などの「共同注意」が注目されている（Mundyら,1990）[35]。「指さし」も他者の視線を読み取っていないとできないことだろう。他者の視線を読み,他者から見た自分の指の方向が他者の視線と合致しているか,確認する必要がある。

後にアスペルガー障碍と診断された男児の母親から,子どもが1歳に

なる前にこんなことがあったという興味深い経験を聞いた。それは，1人っ子であったのでこれまで気付かなかったが，あるとき知り合いのほぼ同月齢の子どもを「しばらく抱っこしていて」と頼まれて，抱っこしたときのことだった。「何と抱っこしやすいのだろう」ととても驚いたと言う。自分の子どもの抱っこを当たり前だと思っていたので，「子どもを抱っこするのがこんなに楽なんだ」とは思わなかった。「ということは，うちの子はとても抱っこしにくい子だということか」と気付いたと言う。

さらにその母親はこう言った。子どもを抱っこしやすいというのは，母親が抱っこするときに，子ども自身が抱っこされることを予測して，あるいは抱っこされたとたんに，抱っこされやすい姿勢を取っているということなのだ。うちの子は，それをしないから抱っこしにくいのだ，と。

「抱っこされやすい姿勢を取る」ということも，「抱っこしようとしている母親の意図」を察していなければならない。これもすでに「心の理論」が始まっているということだろう。

したがって，誤信念課題でテストされるような「心の理論」は4〜6歳の間に獲得されると言うが，その萌芽的なものは1歳までにあると考えられる。その発達が自閉症児やここで述べたアスペルガー障碍の子どもでは障碍されているのだろう。

「他者の意図を推測する」ということが，おそらく1歳までに，不充分ながら芽生えてきている。ということは，「他者から見た自分との関係」も推測していることになる。

上の例で言えば，「母親が抱っこしようとする」という意図を推測することに対応して，「母親にとって自分が抱っこされやすい姿勢を取る」行動に出ている。ここでは，「母親から見た自分」が，すでに何らかの形でイメージされていると想定できるだろう。

VIII 自己意識の統一

「他者から見た自分」が徐々に確かなものになってきたとしたら、どうなるだろうか。

一旦、「快を伴う自己意識の経験」と、「不快を伴う自己意識の経験」とは、分裂した。それらが再び、自分の経験として、1つの「全体」へとまとめ上げるきっかけとなるかもしれない。

フッサールは言っている。

「全体というのは、統一的な基礎付けによって包括され、しかもその他の内容の助力なしで包括されるような諸内容の総括 Inbegriff を意味する。そのような総括に属する諸内容を部分と名付ける。基礎付けの統一性という言い方は、あらゆる内容が基礎付けによって、直接的にせよ、間接的にせよ、あらゆる内容と関連する、という意味である。この関連は、これらの内容がすべて、外部からの助力なしで、直接的ないし間接的に相互に基礎付けられている、という具合に生ずることができる。あるいは逆に、すべての内容が一緒になって1つの新しい内容を、しかも外部からの助力なしで基礎付ける、という具合に生ずることもできる」と。

後のほうの「全体」の作り方は、内容が一緒になって、新しい内容を作り上げ、それらは外部からの助力なしに、新しい統一的な「基礎付け」でもって、統一されるというものである。

別々にそれぞれ「全体」となっていた「快い自己意識の経験」と「不快な自己意識の経験」は、新しい統一的な「基礎付け」である「自己意識の経験」でもって、統一される可能性がある。

もし、それぞれが「全体」であったのが、新しい統一的な「基礎付け」でもって一緒になり、同じ「自己意識の経験」という「全体」に含まれるようになったら、「快い自己意識の経験」と「不快な自己意識の

経験」は，それぞれ「自己意識の経験」という「全体」のなかの「部分」,「断片」となる。

本章第V節で述べたように，ここでも再論しないが，論理的に「快でも不快でもない自己意識」がないと，「自己意識の経験」という「全体」を成すことができないだろう。

IX 抑うつ的ポジション

クラインは「生後4～6カ月の間に完全な対象と取り入れるとともに，統合に向かう極みだった歩みに入る」と，あるいは，「生後1年の後半の間に，乳児は抑うつ的ポジションを通過するためにいくつかの基本的な歩みを始める」と言っている (1946)[22]。

「完全な対象を取り入れる」というのは，対象，特に母親だけでなく，自分ないし自己についても，まとまった統一的な見方ができるようになるということを意味している。これは，他者から見ての「自分」，「自己」が統一的に見ることができるようになりつつあるということだろう。やはり，「心の理論」の発達と軌を一にしていると思われる。発達時期からしても，かなり近いように思われる。

互いに排斥し合う内容だったので，「快い自己意識の経験」と「不快な自己意識の経験」は，統一的な「基礎付け」を放棄し，それぞれが別々の「全体」となった。「分裂」した。

しかし，今やまた，1つの対象，「全体」として，まとめられるようになる。すると，排斥し合うこと，あるいは「葛藤」が起こらざるを得ない。反発するものを，1つの「全体」として保持しなければいけなくなる。これは非常に疲れる仕事となる。この疲れることが，「抑うつ」を生じるのではないかと思われる。

1つの「全体」として保持できなくなると，すぐに「分裂」が起こる。行ったり来たりすることになる。

これは「自己」に対して起こるだけでなく，他者という対象に対しても起こる。「心の理論」が発達すると，視点変換が容易になり，他者に対して，パースペクティブ的な見方ができるようになる。いわば，立体的に見ることができるようになる。

　対象をいろいろな局面から見ることができるようになり，それらの統一体として，対象を見ることができるようになる。しかし，相反する局面があると，統一体として保持するのも，葛藤をはらんで容易ではなく，エネルギーを要するものであるだろう。

X　分裂 – 排除 split-off

　そのときそのときの対象関係，対人関係は，原則，二者関係であろう。ここでは，母子関係を主にしている。

　子どもの自己意識のなかに，「快い自己意識の経験」と「不快な自己意識の経験」があるとする。「不快な自己意識の経験」もさらに，空腹感，寒さ，不安，性的欲求の質など，「不快」の質によって部分に分けられ，いろいろなものに分けられているだろう。

　あるとき，母親との関係において，ある一部の「不快な自己意識の経験」が活性化され，非常に「不快」になったとする。これは，実際に母親との関わりのなかで活性化されてもよいし，何らかの想起のなかで活性化されてもよい。

　もう，この「不快な自己意識の経験」を，子どもの「自己意識の経験」という「全体」のなかに置いておけなくなるとする。この断片としての部分から，子ども自身の自己意識という「統一的な基礎付け」を剥奪する。子ども自身の自己意識という1つの「全体」から，引き離す。

　そもそも，この一部の「不快な自己意識の経験」は，母親によって活性化されたものである。「不快な母親」によって活性化された。すなわち，「不快な母親」に起因する。したがって，この一部の「不快な自己

意識の経験」は,「不快な母親」によって「基礎付け」されている。「不快な母親」という「全体」の一部を成している。

　フッサールは,「ある a そのものが,それをある μ と連係するある包括的統一体のなかでのみ実在し得るに過ぎない場合,ある a そのものはある μ による基礎付けを必要する」と言っている。一部の「不快な自己意識の経験」が,「不快な母親」と連係する包括的統一体のなかでのみ実在する。「不快な母親」がなければ,一部の「不快な自己意識の経験」は存在しない。こうしたとき,この経験には「不快な母親」という「基礎付け」が必要であることになる。

　したがって,今やこの一部の「不快な自己意識の経験」は,子どもの自己意識の「全体」には含まれておらず,「不快な母親」に含まれることとなる。こうして,この一部の「不快な自己意識の経験」は,子どもの自己意識の「全体」から,「分裂－排除 split-off」される。

　この一部の「不快な自己意識の経験」,危険物,排泄物を自分のなかから追い出し,母親のなかへ追いやる。母親を攻撃する。子どもは少し身軽となる。当初,この「不快な経験」は子どもの経験で,子どもが経験したという「自己意識」はある。ただし,これに対応する「自己意識」は「不快な自己意識の経験」である。

　「不快な経験」は,「不快な自己意識の経験」と「不快な母親」とのセットになっている。「不快な自己意識の経験」を「自己意識」から「分裂－排除」する。これは「不快な母親」に連係するものだから,と。「不快な自己意識の経験」の「自己意識」への所属性が薄くなる。「不快な自己意識の経験」が減り,子どもの「自己意識」は少し身軽となる。

　先に述べた「快い自己意識の経験」と「不快な自己意識の経験」との「分裂」がある場合には,この「不快な経験」は「自己意識」の「分裂」をも促進するだろう。

　「不快な自己意識の経験」を「分裂－排除」した子どもは,こう思う

だろう。

　「『不快な母親』によって，この一部の『不快な自己意識の経験』が引き起こされた。そして，私は『不快な自己意識の経験』を意に反して無理矢理させられることになった。したがって，『不快な母親』は私を『迫害』している。私は『不快な母親』を『憎悪』する。『不快な母親』は，私の『迫害者 persecutor』である。

　『不快な母親』によって『不快な自己意識の経験』をさせられないように，私は周囲の世界を私自身でコントロールしなければならない。『支配』しなければならない。でないと，再び『不快な母親』によって『不快な自己意識の経験』をさせられるはめになる」と。

　こうして，母親への憎悪，母親への傷付け，母親への支配がなされるようになる。「投影同一化（投影性同一視）projective identification」という事態となる。

　具体的に1例述べる。不登校気味の中学生が，ある朝，起きなければならない時間になった。そこへ心配した母親が起こしに来た。「もう起きないといけないよ。今日は行ってくれるでしょうね」と言った。すると，その中学生は，「その言い方は何だ。最初から行かないような言い方をする。そんな言い方をされたから，行く気がなくなった」とふて寝する。

　この場合，もう起きて登校しなければならないという「不快な自己」がすでに活性化されている。そこへ母親がやって来る。そして案の定，「不快な自己」を刺激するようなことを言う。余計に「不快な自己」が活性化する。そして，母親は「不快な対象」となっている。自分の中にある「不快な自己」を「分裂－排除」する。「不快な対象」である母親が，「不快な経験」をさせた。「不快な経験」は「不快な対象」である母親に起因する。母親さえああいう言い方をしなかったら，自分は「不快な経験」をせずにすんだはずだ。「不快な対象」である母親が悪い。「迫害者」である。攻撃しなければならない。登校したくないという初めか

らあった「不快な自己」は，すり替えられて，初めはなくて母親が無理矢理に注入したものだということになり，本人は責任を回避し楽になる。

ここでは母親としたが，別な人でもよいし，人だけでなく，組織，あるいは社会全体でも，このような投影は行われるだろう。

XI 快い部分の分裂-排除

逆の場合もある。

あるとき，母親との関係において，ある一部の「快い自己意識の経験」が活性化され，非常に「快く」なったとする。この一部の「快い自己意識の経験」は，母親によって活性化された。「快い母親」によって活性化された。

この「快い自己意識の経験」は，「快い母親」と結び付いている。「快い母親」は，「快い自己意識の経験」を生み出す。「快い母親」は，「快い自己意識の経験」として，子どものなかに「取り入れ introjection」られていく。こうして，母親とのよい対象関係の基礎となる。正常な母親とのよい関係がこの範囲に入る。

この段階では，「分裂-排除」は行われていない。「快い母親」と「快い自己意識の経験」とが結び付けられているだけである。

しかし，このような正常なよいものにとどまらないこともある。

「快い母親」がいなければ，「快い自己意識の経験」はあり得ない。したがって，「快い自己意識の経験」は，「快い母親」の一部分である。「快い自己意識の経験」を，子どもの「自己意識の経験」という「全体」のなかに置いておけなくなる。「分裂-排除」が行われる。

断片としてのこの「快い自己意識の経験」の部分から，子ども自身の自己意識という「統一的な基礎付け」を剥奪する。子ども自身の自己意識という1つの「全体」から，引き離す。この「快い自己意識の経験」

は，「快い母親」に起因する。「快い母親」によってしか，この「快い自己意識の経験」は存在しない。したがって，この「快い自己意識の経験」は，「快い母親」によって「基礎付け」られている。「快い母親」という「全体」の一部を成している。

「子どもの自己意識」に属していたこの「快い自己意識の経験」が「分裂－排除」されて，もはや「子どもの自己意識」に属さなくなり，「子どもの自己意識」全体が小さくなる。「快い母親」を理想化し，子どもは「快い母親」に全面的に依存するようになる。「子ども自身の自己意識」は，だんだんと脆弱になり，貧困化する。「迫害者」から逃げるために，理想化された対象に逃避する。自分は生命もなく，価値もないように思えてくる。「快い自己意識の経験」は，さらに「分裂－排除」される。

こうした「分裂－排除」を阻止するのは，やはり，他者から見て自分がどう見えるか，つまり，「心の理論」を通じて自己を統一したものとして見る能力であろう。

XII　羨　望（Klein, M., 1957）[23]

これまでは，時間というパラメータを考慮に入れてこなかった。これを導入すると，さらに複雑になる。

「快い母親」は「快い自己意識の経験」を与えるだろうと「期待」する。例えば，子どもが空腹感を抱いているときに，「快い母親」は空腹感を「快い乳房」によって満たし，「快い自己意識の経験」を与えるだろうと「期待」する。

耐えられる範囲の時間内に満たされると，「快い母親」が「快い自己意識の経験」を与えたという経験が増す。満足が生じ，両者の結びつきも増す。

耐えられる範囲を越えてしまうと，「満たされない」という「不快」

へと変化する。すると,「期待」は「快い母親」を求める「羨望 envy」になる。

XIII 排　泄

　「羨望」となった段階で,「快い自己意識の経験」は「不快な自己意識の経験」へと変化する。「自己意識の経験」のなかに,「不快な自己意識の経験」が生じてきている。

　ここには,「快い母親」の不在がある。「快い母親」の不在によって,「不快な自己意識の経験」がもたらされている。したがって,「快い母親」の不在は,「不快な母親」と等価ということになる。意味的に,「『快い母親』の不在」＝「不快な母親」という等式ができあがる。

　そのとき,長らく待ち「羨望」していた「母親」がやって来て,「満足」を与えようとしたとする。「不快な自己意識の経験」を生じさせている「母親」だから,いまそこにやって来たのはまさに「不快な母親」ということになる。

　ここで「分裂－排除」が起こる。当初,「不快な自己意識の経験」も「自己意識の経験」という全体のなかにあった。しかし,「不快な自己意識の経験」を与えていたのは,「不快な母親」だった。「不快な自己意識の経験」は,「不快な母親」に基礎付けられていた。そのため,「不快な自己意識の経験」を「自己意識の経験」から外す。

　つまり,いまやって来た「不快な母親」のほうへと,所属を変更する。「不快な母親」の一部分として,「不快な自己意識の経験」が属することとする。すなわち,「排泄」する。それによって,「不快な自己意識の経験」が「自己意識の経験」に属さなくなり,楽になる。「不快さ」が軽減する。

　具体的には,不快を与えたという怒り,攻撃を母親に向ける。当たり散らす。攻撃を向けることで,楽になろうとする。

一方で，この攻撃で母親のよさを破壊したという「罪悪感」も生じる。

ここでは主に母親との関係で空腹感を念頭に扱っている。別な例を挙げてみる。

例えば，友人関係において，ある友人に非常に「よい性質」を発見したとする。それを模倣して，自分のなかに「取り入れ」たときには，友人のその「よい部分」と，自分のその「よい部分」とに，「よい関係」が生まれる。これは同一化，「取り入れ」ということになる。

しかし，模倣して「取り入れ」るということが困難で，自分のものにできないでいるとする。自分のなかに「快い部分」がなかなか生じない。するとそこに「羨望」が生じるかもしれない。

「羨望」が生じたときには，自分は「不快な自己意識の経験」をしている。それを生じさせている友人は，「不快な友人」ということになる。今度は「不快な友人」と「不快な自己意識の経験」とがカップルとなり，全体を成す。そして，「不快な自己意識の経験」を「自己意識の経験」から「分裂－排除」する。「排泄」する。つまり，「不快な友人」に攻撃性を向ける。

友人の「よい性質」としたが，このことは幼い子どもでは他の子どもの持っている玩具のような「よい物」でも当てはまる。

XIV 「不快な経験」の解消

母子関係の話に戻る。

「不快な母親」であるはずが，空腹を満たし満足を与えるような「快い自己意識の経験」を与えたとする。当初は「不快な母親」に攻撃を向けていたのに，だんだんと「快い自己意識の経験」が増してくる。すると，「不快な母親」は，「快い母親」へと変化する。

結果として，「分裂－排除」された「不快な自己意識の経験」は，解

消する。「罪悪感」も解消する。

XV 「不快な経験」の増幅

　これと逆の場合も考えられる。

　例えば，空腹で泣いている乳児が，乳首をくわえたとき，乳首を噛んだとする。噛まれた母親は，乳児に怒りを向ける。乳房を引っ込めるかもしれないし，罰を与えるかもしれない。

　乳児はいまやって来た「不快な母親」に，攻撃を向ける。その攻撃性のために，「不快な母親」がさらに「不快な自己意識の経験」を加える。「不快な母親」は，ますます「不快な母親」であることを明確にしてゆき，悪循環がもたらされる。そうして，「迫害者」となる。これはさらに「分裂－排除」を促し，攻撃を加えることとなる。

XVI 貪欲さ

　クラインは「よい対象」と「理想化された対象」とを区別すべきだと言っている (1957)[23]。この場合，「過度の羨望」によって，「よい対象」を自分のものとする能力，同一化の能力が乏しくなっている。それを「理想化」ということで処理しようとする。「理想化された対象」，ここでは「理想的な母親」について考えてみる。

　「快い母親」ではなく，「理想的な母親」を求める子どもがいたとする。その子どもはこの母親が「理想的な快い自己意識の経験」を与えるだろうと「期待」する。

　例えば，子どもが空腹感と不安感を抱いているときに，「理想的な母親」は空腹感のみならず不安感をも「理想的な快い乳房」によって一挙に満たし，「理想的な快い自己意識の経験」を与えるだろうと「期待」したとする。

ある時間内に「快い母親」が「快い自己意識の経験」を与えた。ところが，この子どもは，「快い自己意識の経験」ではなくて，「理想的な快い自己意識の経験」を期待していた。当初は，「快い自己意識の経験」で満足し，「快い母親」が「理想的な母親」のように見える。その子どもは「快い母親」がやがて不安感をも取り除き「理想的な快い自己意識の経験」を与えるだろうとさらに「期待」する。

　しかし不安感は依然として取り除かれないとする。「過度の期待」は裏切られ，「満たされない」という「不快」へと変化する。すると，「過度の期待」は「理想的な母親」を求めるさらなる「羨望」になる。「貪欲」に最上のものを求める。

　すると「不快な自己意識の経験」が生じる。それを生じさせている「母親」だから，いまそこにいるのは「不快な母親」ということになる。

　ここでさらに「分裂－排除」が起こる。いま「不快な自己意識の経験」を与えているのは，「不快な母親」である。「不快な自己意識の経験」は，「不快な母親」に基礎付けられている。「不快な自己意識の経験」を「自己意識の経験」から外す。

　「不快な母親」の一部分として，「不快な自己意識の経験」を所属変更する。「不快な母親」に攻撃性を向け，「不快な自己意識の経験」を「排泄」する。

　「理想化された対象」への同一化は，不安定で見境がない。自我の弱さを示していて，「よい対象」を同一化するのと，質的に異なっている。

第18章

付論5　記憶のなかの時代
Eras in the Memory

I　口唇期や肛門期ということ

　実験発達心理学の研究が言うように，乳幼児の発達経過においては，精神分析で言う口唇期や肛門期などの発達期が明瞭ではない。スターン Stern, D. は，従来の精神分析で言われる過去に遡るような再構成された発達論とは違って，乳幼児の直接観察から得られるような現実の正常の発達論が必要であるとした（1985）[41]。

　私も精神科医になってしばらくするまで，口唇期や肛門期などというのは精神分析の「単なる話」であって，実際にはそうでないと，漠然と思っていた。

　大阪大学付属病院精神神経科で研究のために，先輩たちが始めた「思春期外来」で青年期の患者たちを診るようになった。

　しかし，1年ほど経過したとき，高校2年生のひどい家庭内暴力を伴う不登校男子を受け持つことになった。外来で何とかつないでいたが，限度があった。そこで，本人を説得して，非常に不安で問題もあったが，本務として勤めていた総合病院の神経科病棟に入院させることにした。もちろん開放病棟で，他はほとんどリハビリテーション目的の神経

病患者だった。

　彼は無断離院することもなく病棟で生活していたが，しばらくして奇妙な話をし出した。売店で売っているベビーボーロという乳幼児向けの菓子がとてもおいしいと言い，病院食以外はそればかり食べるようになった。口の中に入れて崩れて溶けていくのがたまらないと説明してくれた。また，口や舌にまつわる性的ファンタジーを盛んに述べ出した。

　このような口や舌にまつわるエピソードを述べるのが2週間くらい続いた後に，病棟に行ったとき奇妙な光景を目にした。彼が腰の周りをあたかもドナルドダックのようにふくらませて，よく見ると失禁患者用の白いパンパースをして，病棟を闊歩しているのだった。どうしたのかと看護師に聞くと，下痢が止まらないので，本人と相談しておむつをしたとのことだった。

　本人に尋ねた。「下痢が止まらないので，看護婦さんにしてもらった。とてもいいだろう」と得意げに語った。それをしたまま，病棟どころか，病院内，病院外にも出かけた。とてもうれしそうだった。女性の看護師しかいなかったので，もちろん，おむつは時間ごとに女性の看護師に替えてもらっていた。

　そういう大便にまつわるエピソードが2週間ほど続いた。下痢が治ったということで，おむつはしなくなった。ほぼそのころ，約束の入院期間が終わりになったので，退院した。

　外来通院に切りかえた後，「思春期外来」では性器的な話，ファンタジーが中心になった。

　このケースを経験してから，口唇期，肛門期，性器期というのは，単なるフィクションではないと確信した。その後も，これほどクリアではないにしても，退行のなかでこういうエピソードを伴う経過をたどるケースを何例か経験した。

　第7章で前青年期には，肛門期，場合により口唇期にまで退行すると述べた。退行のなかでは，このようなフロイト Freud, S. の発達時期が

よく当てはまる。

II　自閉症児の治療経過

　以前，自閉症の7歳男児に対する遊戯療法による治療の試みを報告した（岩田ら，2000）[18]。女性の大学院生が直接の治療に当たったが，治療開始からほどなくして退行した。退行した後，口唇期，肛門期，性器期を意味すると思われるエピソードを順に辿った。
　エピソードのいくつかを拾い出してみる。

1. 口唇期的エピソード

　治療者の頬に口を付けた。治療者の両頬を引っ張り，口を優しく噛んできて，ギュッと抱きしめた。人形の角に口を付けたり，治療者の鼻に唇を付けたりした。治療者の胸に触ろうとしたが，拒否すると諦めた。

2. 肛門期的エピソード

　家で暑いのに窓を閉めたがるし，分厚い布団を頭まで必死で被ろうとした。これは肛門期的な「貯留」ということに関係しているように思われる。ボールプール，食物の玩具の籠，千代紙模様の箱，動物のミニチュアの箱の中身をあけたり，色水を砂の上に注いだりした。これは「排出」に関係していると思われる。実際，遊戯療法中に排便に行った。大便の付いた紙の臭いをかいで治療者に注意された。

3. 性器期的エピソード

　やがて性器期的エピソードが目立つようになる。母親と面接する男性治療者を睨んだ。エディプス的葛藤かもしれない。玩具の機関車の腹側を気にした。新幹線の模型の500系のぞみの先頭車両だけを投げて，連結を外すという遊びを繰り返した。列車の形状が男性性器に似ているこ

とと関係あるのかもしれない。刀で治療者を刺す遊びを繰り返した。性的なものだと考えるのも言い過ぎではないように思われる。人形を裸にしたり，裸にした人形をトイレに持って行ったりした。

そのうち，人形の首を切るという遊びを言い出した。これは「去勢不安」ということに関したものと思われる。遊戯療法の第31回目で母親が自身の発熱のために男児に当たり散らしてきた。すると女子トイレに入ると言いだした。男子トイレを指示すると，笑みを浮かべて入っていった。言い過ぎかもしれないが，遊戯療法前に母親が攻撃的に男児に振る舞ったことが，心理的「去勢」に当たっているように思われる。心理的に去勢されたから「女子トイレ」に入るなどと言い出したのだろう。

III 従来から言われている発達時期についての仮説

従来から言われ続けている「口唇期」，「肛門期」，「性器期」などというのは，どう考えればよいのだろうか。従来の「過去に遡行して構成される発達論」は，「記憶のなかの発達」ではないかと考える。

人生の発達早期が「口唇期」，「肛門期」，「性器期」などと名付けられる理由は，次のように考えると，少しは納得がいくと思われる。メルロー－ポンティ Merleau-Ponty, M. は，知覚が身体性に左右されることを示した（1945）[32]。身体のあり方で知覚の意味付けが決定される。

サリヴァン Sullivan, H.S. によれば，口唇期というのは口唇帯という性感帯（サリヴァンの言い方では相互作用帯）によって，対人的コミュニケーションが決定付けられる時期である（1953）[43]。身体全体がコミュニケーションの媒体ではあるが，口唇帯という性感帯が異常に強く動機付けられている。するとその時期になされる知覚は当然のことながら，口唇的潤色を受けることになるだろう。したがって，記憶も同じく口唇的ニュアンスの強いものとなるだろう。

肛門期というのは，トイレットトレーニングに代表されるように，肛門帯を代表とする身体の緊張を要する統制が，重要な役割を果たす。肛門がコミュニケーションの窓口となる。肛門帯という性感帯を中心とする身体のあり方が，知覚や記憶の基底を成す。性器期も同様であろう。
　観察者が外からコミュニケーションを記述すると，おそらくは性感帯の色付けは観察されにくいだろう。ところが，記憶の上ではコミュニケーションの窓口を成す性感帯のあり方を，色濃く反映することになる。
　退行は，記憶を基礎に初めて成立すると考えられる。実際に乳幼児を観察して構成する発達論では明瞭でなかった「口唇期」，「肛門期」，「性器期」などという区分が，記憶から探る発達論では表面化してくるのは，以上のような理由によるのではないかと思われる。
　もし，子ども時代に，ある時期，米国で過ごし，その後アフリカで過ごし，その後，日本に戻ったとしたら，記憶のなかでは，米国期，アフリカ期，日本期，などとされるに違いない。それと似ているように思われる。

IV　自他未分化の時期

　最近，大学院生が直接に治療に当たっている自閉症の2ケースで，子宮内退行を思わせるエピソードを経験した。うち1ケースで次のようなことがあった。
　プレイルームの畳のところに，ピンク色の掛け布団と敷き布団，それにピンク色の毛布が常にたたんで置いてある。
　それまでは遊具で活発に遊んだり，お絵かきを楽しんだりしていた。治療が進んできたある時期から，そのたたんだ布団の間に，遊戯療法の開始からほぼ終了まで，50分間，挟まりこんだまま，身体をもぞもぞ動かしながら過ごした。これを2セッションほど行った。

そのすぐ後のセッションでは，しばらく布団のなかでもぞもぞした後，布団から出て行き，治療者と遊んだ後，また，布団のなかに入りもぞもぞするということをくり返した。あたかも，マーラー Mahler, M.S.の「分離個体化期」を彷彿させた (1975)[30]。

V 記憶のなかの時代

これらのことから，記憶のなかでは，口唇期，肛門期，性器期，性的な潤色の少ない潜伏期，などとされ，これらの時期の起源として，一種の収束点として，あたかも自他未分化な時期があったかのようにされるのであろう。

退行は実際にあった時間ではなく，記憶のなかの時間でしか行い得ない。したがって，退行現象のなかでのみ，このような時代があたかも再演されるかのように見えてしまうのではないか。

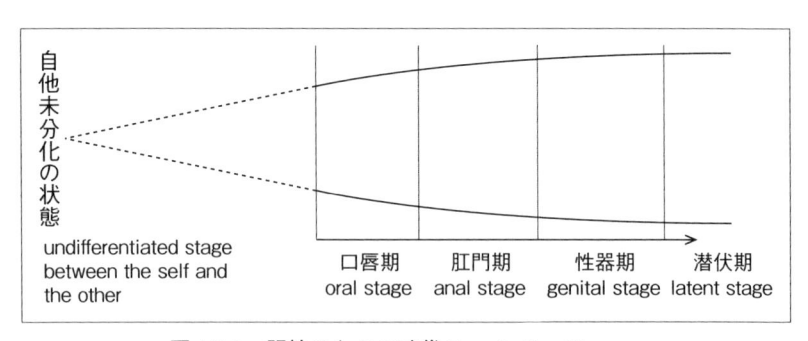

図 18.1　記憶のなかの時代 Eras in the Memory

あとがき

　1987年に『図説精神医学講座4 青年精神医学』(メジカルビュー社)のなかで「青年期心性」という項目を担当しました。青年期心性という抽象的なことを図でできるだけ示す課題が与えられました。そのときにブロス Blos, P. の『青年期の精神医学』(野沢栄司訳, 誠信書房, 1971)を詳しく読み込み, 視覚的に表示するということをしました。そもそもこれは大先輩の辻悟先生から与えられた仕事で, 先生のご指示がなければ果たせなかったことで, とても感謝しております。

　これを基に, ときどき依頼される講演を行っておりました。大阪大学の精神医学教室から大阪教育大学障害教育講座(現：特別支援教育講座)に移ってから, 教育現場の先生方や学生にもわかるようにできるだけ具体例を加えて, 何年かしてまとめて本にすれば, いろいろな方の役に立つのではないかと思い, 大阪教育大学障害児教育研究紀要に1999年から『青年期の心の発達－情緒・知的障害の観点から－』と題して, 上記で書いたことをものすごく具体的にして毎年1報ずつ書き始めました。ところが, 第7報まで書いたところで行き詰まりました。それは「はじめに」のところでも書きましたように, 自閉症を中心とする広汎性発達障碍の発達という大問題にぶつかったからです。結局, そのまま放置しあきらめていましたが, ずっと気になっていました。

　自閉症児の遊戯療法を大学院生にしてもらい, その指導を行うということを, ある時期から続けています。なかには小学校高学年, 場合によっては中学生のケースもあり, 大学院生の参考になるだろうと思い, 忘れきっていた上記のシリーズの別刷を渡しました。最初に渡したのは久保(現：黒田)利衣子さんでした。修士論文の参考にすればいいとい

う程度のつもりだったのですが，とても面白かったと言ってくれました。何年かして今度は栗山淳実さんに渡しました。彼女も読みながらケラケラと笑ってしまいましたと言ってくれました。中途で投げ出してしまった仕事なのに喜んでもらえました。あきらめていた本にするという希望が蘇ってきました。2人の元大学院生に感謝します。

レンプ Lempp, R. 先生の本の翻訳でお世話になりました星和書店の岡部浩氏に無理を言って出版についてお願いしましたら，引き受けていただけることになりました。岡部氏と社長の石澤雄司氏にとても感謝いたします。どうもありがとうございます。

そして頓挫していた広汎性発達障碍の発達という課題を果たすべく，現段階で考えている手懸かりを提示するという程度ですが，第14章以下で書きました。この問題は発達ということの根本的見直しを要求しているだけでなく，統合失調症の解明を最大の課題とする精神医学の作り替えを要求しているように思えてなりません。一部，クライン Klein, M. についての考えを大阪大学精神病理研究室の勉強会で発表させてもらったときに貴重なご意見をいただきました藤本淳三先生，井上洋一先生，水田一郎先生，福永知子氏に感謝いたします。

最後になりましたが，編集の実務をしていただき，貴重なご意見をいただきました鈴木加奈子氏に感謝いたします。

2010年6月

山本　晃

参考文献

1) Baron-Cohen, S., Leslie, A.M., Frith, U.: Does the autistic child have a "theory of mind"? Cognition, 21; 37-46, 1985.（高木隆郎，M. ラター，E. ショプラー編：自閉症と発達障害研究の進歩 1997/Vol. 1 特集 心の理論．pp.41-47. 東京，日本文化科学社，1996.）
2) Binswanger, L.: Schizophrenie. Neske, Pfullingen, 1957.（新海安彦，木村敏，宮本忠雄訳：精神分裂病．みすず書房，東京，1960/61.）
3) Blos, P.: On Adolescence. The Free Press, New York, 1962.（野沢栄司訳：青年期の精神医学．誠信書房，東京，1971.）
4) Blos, P.: The Second Individuation Process of Adolescence. Psychoanalytic Study of the Child, 22; 162-186, 1967.
5) Conrad, K.: Die beginnende Schizophrenie—Versuch einer Gestaltanalyse des Wahns—. George Thieme Verlag, Stuttgart, 1958.（山口直彦，安克昌，中井久夫訳：分裂病のはじまり．岩崎学術出版社，東京，1994.）
6) Erikson, E.H.: Identity and the Life Cycle. (Psychological Issues Vol I. No.1. Monograph 1.)．International Universities Press, New York, 1959.（小此木啓吾訳編：自我同一性．誠信書房，東京，1973.）
7) Freud, S.: Vorlesungen zur Einfülung in die Psychoanalyse. 1916/17.（懸田克躬訳：世界の名著 49 フロイト．精神分析入門．中央公論社，東京，1966.）
8) Freud, S.: Ich und Es. In Gesammelte Werke, XIII, Imago Publishing, London, 1923.（道籏泰三訳：フロイト全集 18. 岩波書店，東京，2007.）
9) Freud, S.: Psychoanalytische Bemerkungen über einen autobiographische-beschriebenen Fall von Paranoia (Dementia paranoids)．1911. In: Gesammelte Schriften von Sigmund Freud, VIII. Internationaler Psychoanalytischer Verlag, Wien, 1924.（小此木啓吾訳：自伝的に記述されたパラノイアの一症例に関する精神分析的考察．改訂版フロイド選集 16「症例の研究」所収．日本教文社，東京，1969.）

10) Hegel, G.W.F.: Phänomenologie des Geistes. Joseph Anton Goebhardt, Bamberg und Würzburg, 1807.（長谷川宏訳：精神現象学. 作品社, 東京, 1998.）

11) Held, K.: Lebendige Gegenwart. Martinus Nijhoff, Den Haag, 1966.（新田義弘, 小川侃, 谷徹, 斎藤慶典訳：生き生きした現在. 北斗出版, 東京, 1988.）

12) Husserl, E.: Logische Untersuchungen. Zweiter Band. Max Niemeyer, Halle, 1922.（立松弘孝, 松井良和訳：論理学研究 3. みすず書房, 東京, 1974.）

13) Husserl, E.: Erfahrung und Urteil; Untersuchung zur Genealogie der Logik, regiert und herausgegeben von Ludwig Landgrebe, Dritte unveranderte Auflage, Claasen Verlag, Hamburg, 1964.（長谷川宏訳：経験と判断. 河出書房新社, 東京, 1975.）

14) Husserl, E.: Cartesianische Meditationen. Eine Einleitung in die Phänomenologie. Herausgegeben, eingeleitet und mit Registern versehen von Stöker, E., Felix Meiner, 1977.（浜渦辰二訳：デカルト的省察. 岩波書店, 東京, 2001.）

15) Husserl, E.: Zur Phänomenologie der Intersubjektivität, Erster Teil. Martinus Nijhoff, Den Haag, 1973（a）.

16) Husserl, E.: Zur Phänomenologie der Intersubjektivität, Zweiter Teil. Martinus Nijhoff, Den Haag, 1973（b.）

17) Husserl, E.: Zur Phänomenologie der Intersubjektivität, Dritter Teil. Martinus Nijhoff, Den Haag, 1973（c）.

18) 岩田麻美子, 野宮新, 岩切昌宏, 山本晃：遊戯療法により相互的言語コミュニケーションを獲得した自閉症児－共感的模倣の試み－. 児童青年精神医学とその近接領域, 41; 71-85, 2000.

19) Johnson, A.M., Falstein, E.I., Szurek, S.A., Svendsen, M.: School phobia. Am J Orthopsychiatry, 11; 702-711, 1941.

20) Klein, M.: Early Stages of the Oedipus Conflict. 1928. In The Writings of Melanie Klein Vol.1. The Free Press, New York, 1975.（西園昌久, 牛島定信他訳：子どもの心的発達. 誠信書房, 東京, 1983.）

21) Klein, M.: Personification in the Play of Children. 1929. In: The Writings of

Melanie Klein Vol.1. The Free Press, New York, 1975.（小此木啓吾，岩崎徹也他訳：子どもの心的発達．誠信書房，東京，1996.）
22) Klein, M.: Notes on Some Schizoid Mechanisms. 1946. In The Writings of Melanie Klein Vol.3. The Free Press, New York, 1975.（小此木啓吾，岩崎徹也他訳：妄想的・分裂的世界．誠信書房，東京，1985.）
23) Klein, M.: Envy and Gratitude. 1957. In: The Writings of Melanie Klein Vol.3. The Free Press, New York, 1975.（小此木啓吾，岩崎徹也他訳：羨望と感謝．誠信書房，東京，1996.）
24) 小松友子：下垂体小人症児の成長発達過程における心理的諸問題について．平成6年度大阪教育大学障害教育講座修士論文．大阪教育大学，大阪，1994.
25) Kretschmer, E.: Psychiatrische Schriften 1914-1962. Springer-Verlag, Berlin Heidelberg, 1974.（湯沢千尋訳：精神医学論集 1914-1962．みすず書房，東京，1991.）
26) Lacan, J.: Le Séminaie de Jacques Lacan, Livre: Ⅲ Les Psychoses. Seuil, Paris, 1981.（小出浩之，川津芳照，鈴木国文，笠原嘉訳：精神病（上・下）．岩波書店，東京，1987.）
27) Leibniz, G.W.: Système nouveau puor expliquer la nature des substances et leur communication entre elles, aussi bien que l'unon de l'âme et du corps. Le manuscrit premier. In: Die philosophischen Schriften von Gottfried Wilhelm Leibniz. Bd.4. hrg. von Gerhardt, C.J., Weidmannsche Buchhandlung, Berlin, 1880.（河野与一訳：実体の本性及び実体の交通並びに精神物体間に存する結合に就いての新説，最初の草稿．単子論．岩波書店，東京，1951.）
28) Lempp, R.: Frühkindliche Hirnschädigung und Neurose. 3. Aufl., Verlag Hans Huber, Bern Stuttgart, 1978.
29) Lempp, R.: Vom Verlust der Fähigkeit, sich selbst zu betrachten. Eine entwicklungspsychologische Erklärung der Schizophrenie und des Autismus. Verlag Hans Huber, Bern Göttingen Toronto, 1992.（高梨愛子，山本晃訳：自分自身をみる能力の喪失について－統合失調症と自閉症の発達心理学による説明－．星和書店，東京，2005.）
30) Mahler, M.S., Pine, F., Bergman, A.: The Psychological Birth of the Human

Infant. Basic Books, New York, 1975.（高橋雅士，織田正美，浜畑紀訳：乳幼児の心理的誕生．黎明書房，名古屋，1981.）

31) Masterson, J.F.: Treatment of the Borderline Adolescent. John Willey & Sons, New York, 1972.（成田善弘，笠原嘉訳：青年期境界例の治療．金剛出版，東京，1979.）

32) Merleau-Ponty, M.: Phénoménologie de la perception. Gallimard, Paris, 1945.（竹内芳郎，小木貞孝，木田元，宮本忠雄訳：知覚の現象学 1，2．みすず書房，東京，1967/74.）

33) Melzhoff, A.N., Borton, R.W.: Intermodal matching by human neonates. Nature, 282; 403-404, 1979.

34) 皆川邦直：青春期・青年期の精神分析発達論．ピーター・ブロスの研究をめぐって．小此木啓吾編：青年の精神病理 2. pp.43-66. 弘文堂，東京，1981.

35) Mundy, P., Sigman, M., Kasari, C.: A longitudial study of joint attention and language development in autistic children. J Aut Dev Dis, 20; 115-128, 1990.（高木隆郎，M. ラター，E. ショプラー編：自閉症と発達障害研究の進歩，6; 27-36, 2002.）

36) Neumann, E.: The Great Mother—An Analysis of the Archetype.（translated by Manheim, R.）Second Edition. Princeton University Press/Bollingen Foundation Inc., 1963.（福島章，町沢静夫，大平健他訳：グレート・マザー－無意識の女性像の現象学．ナツメ社，東京，1982)

37) 小此木啓吾編：精神分析辞典．岩崎学術出版，東京，2002.

38) Premack, D., Woodruff, G.: Does the chimpanzee have a theory of mind? Behav Brain Sci, 1; 515-526, 1978.

39) Schreber, D.: Denkwürdigkeit eines Nervenkranken. Oswald Muße, Leipzig, 1903.（渡辺哲夫訳：ある神経病者の回想録．筑摩書房，東京，1990.）

40) Spensley, S.: Frances Tustin by Sheila Spensley. Routledge, London, 1995.（井原成男，斉藤和恵他訳：タスティン入門．岩崎学術出版社，東京，2003.）

41) Stern, D.N.: The Interpersonal World of the Infant: A View from Psychoanalysis and Developmental Psychology. Basic Books, New York,

1985.（神庭靖子，神庭重信訳：乳幼児の対人関係－理論編－．，同－臨床編－．岩崎学術出版，東京，1989/91.）

42) 下坂幸三：青春期やせ症（神経性無食欲症）の精神医学的研究．精神神経学雑誌，63; 1041-1082, 1961.

43) Sullivan, H.S.: Interpersonal Theory of Psychiatry. Norton, New York, 1953. （中井久夫，宮崎隆吉，高木敬三他訳：精神医学は対人関係論である．みすず書房，東京，1990.）

44) Tustin, F.: Autism and Childhood Psychoses. Hogarth, London, 1972.（齋藤久美子監修，平井正三監訳，辻井正次他訳：自閉症と小児精神病．創元社，大阪，2005.）

45) Wimmer, H., Perner, J.: Beliefs about beliefs: Rrpresentation and constraining function of wrong beliefs in young children's understanding of deception. Cognition, 13; 103-128, 1983.（高木隆郎・M.ラター・E.ショプラー編：自閉症と発達障害研究の進歩 1997/Vol.1 特集 心の理論．pp.22-40. 日本文化科学社，東京，1996.）

46) 山本晃：青年期心性．島薗安雄，保崎秀夫，徳田良仁，風祭元編：図説精神医学講座 4 青年精神医学．pp12-21. メジカルビュー社，東京，1987.

47) 山本晃：ケーススタディ 3―随伴症状としての自殺企図．上里一郎編：メンタルヘルスシリーズ 青少年の自殺．pp.159-189. 同朋社出版，京都，1988.

48) 山本晃：登校拒否から家庭内暴力まで．綜合臨牀，51; 941-945, 2002.

49) 山本晃：西田哲学の最終形態～精神病理学のみかたから～．近代文藝社，東京，2004.

50) 山本晃：二種類の他者―自閉症児における他者経験の発達―．臨床精神病理，28; 233-256, 2007.

索　引

あ
アイドル　56, 70, 71, 84, 103, 124
アスペルガー障碍　206, 207

い
イジメ　12, 18, 56
イデオロギー　89, 172, 173

う
ウィマー（Wimmer, H.）　34
ウッドラフ（Woodruff, G.）　33

え
エディプス関係　135, 136, 138
エディプス期　21, 43, 112
江戸時代　71, 96
エリクソン（Erikson, E.H.）　86, 87, 92, 98, 114
援助交際　63, 111, 132

お
お転婆　41, 46, 61, 125

か
外傷的青年期　111
解離性障碍　113
学習障碍　111
過食　50, 110, 128
家庭内暴力　7, 57
間主観性　135

き
ギャングエージ　39, 51, 120
境界例　77, 113
共感　29, 32, 33, 36, 53
共生段階　75
共同注意　206
強迫神経症　7, 110
拒食　110
拒食症　8, 50, 127
去勢　63, 146, 222
去勢する母親　44
去勢不安　43, 45, 81, 136, 145, 147
近親相姦　142

く
クライン（Klein, M.）　135, 139, 193, 194, 209
グレート・マザー　45
クレッチマー（Kretschmer, E.）　11

け
結婚　71

こ
行為障碍　78
高学歴社会　104
高校生　65, 103, 105, 108, 148
口唇期　21, 42, 110, 137, 219, 220, 221, 222, 223, 224
後青年期　2, 95, 97, 103, 151, 180
広汎性発達障碍　81, 135, 139, 193
肛門期　21, 42, 48, 80, 110, 137, 219, 220, 221, 222, 223, 224

索引　233

心の理論　32, 33, 34, 35, 81, 121,
　　　135, 138, 139, 141, 164, 166,
　　　168, 193, 206, 207, 210, 214
「心の理論」の発達障碍説　138
固着　21
コンラート（Conrad, K.）　139

さ
再接近　77
再接近危機　77
サリヴァン（Sullivan, H.S.）　27, 59,
　　　130, 171, 194, 222

し
自我　13, 14, 17, 86, 89, 101, 102,
　　　105, 106, 112, 139, 140, 164,
　　　166, 167, 170, 173
自我同一性　86, 87, 97
自己愛　72, 77, 83, 84, 103
自己同一性　88, 167
自己破壊　73
自殺企図　113
思春期　1, 2, 29, 36, 37, 66, 97, 219,
　　　220
思春期危機　11
思春期早発症　5, 13
思春期の変化　3
思春期やせ症　8
失敗した青年期　116
児童期　29, 31, 32, 101, 145
シニフィアン　142, 143
死の恐怖　136
死の不安　145, 147
死の欲動　136, 147, 155
自閉　75
自閉症　33, 35, 36, 81, 137, 138, 221,
　　　223

自閉的段階　137
下坂（下坂幸三）　9, 156
社会　86, 89, 90, 91, 96, 98, 103, 154,
　　　180, 182, 184, 191
社会性　52, 53, 139, 164, 191
社会制度　140, 142, 191
射精　1, 6, 14, 25, 50, 54
宗教　90
シュレーバー（Schreber, D.）　157,
　　　158, 159, 160, 161, 162
昇華　23, 73
障碍者　91
小学校高学年　37, 101, 120, 146
情緒障碍　37, 111, 131
情緒的対象恒常性　77
初経　1, 8, 14, 50
ジョンソン（Johnson, A.M.）　67
神経症　8, 21, 22, 77, 111
神経性食思不振症　8, 50, 110, 127, 156
心的外傷　21, 90, 91
親友　51, 52, 53, 68, 82, 102, 122, 124,
　　　129, 148, 171

す
スターン（Stern, D.N.）　138, 219
『スタンド・バイ・ミー』　40, 120
スチューデント・アパシー　93

せ
性器期　21, 43, 112, 144, 220, 221, 222,
　　　223, 224
青春期　1
成人期　152
『精神病』　141
精神病　77, 81, 92, 93, 160
性早熟症　5
成長ホルモン　4, 5, 16, 97, 101

性的非行　46
性同一性障碍　144
青年期　1, 2, 3, 13, 27, 66, 97, 101, 119, 160, 171, 176, 178, 179, 180
青年期危機　11
青年期後期　85, 86, 90, 92, 103, 149
青年期前期　16, 47, 49, 51, 58, 102, 147
青年期中期　65, 66, 72, 103, 148
性ホルモン　5, 6, 16, 97, 101
前エディプス期　45
前エディプス的母親　44, 63, 112, 134
遷延された青年期　113
前期青年期　122, 124
前性器期　44
前成人期　103
前青年期　2, 15, 16, 37, 48, 101, 119, 121, 146
潜伏期　145, 224
羨望　214, 215, 218

そ
躁うつ病　71, 139
相互主観性　135, 139, 140, 141, 163, 164
相互的関係　141, 194

た
怠学　19, 115, 126
大学生　85, 103
退行　22, 44, 46, 48, 62, 80, 81, 82, 84, 111, 131, 193, 221, 223, 224
太古的母親　43, 44, 46, 63, 64, 81, 132, 133, 134
第二次性徴　1, 3, 4, 5, 13, 15, 16, 20, 54, 101
タスティン（Tustin, F.）　137
男根的母親　43, 44, 81, 112
短縮された青年期　106, 108

ち
中学生　47, 102, 120, 124, 147
中学校　122
中年期　153

と
同一性拡散症候群　92
同一性の拡散　93
同一性の危機　92
投影同一化　212
登校拒否　110
統合失調症　11, 53, 113, 116, 139, 157, 160, 161, 193
倒錯　22, 23, 25
同性愛　23, 58, 60, 129, 162
徒党時代　39
貪欲　217, 218

な
長びいた青年期　104, 105

に
ニキビ　6, 8
西田（西田幾多郎）　172, 173
日記　73, 88

の
ノイローゼ　8, 21, 111
（脳）下垂体　4
（脳）下垂体性小人症　4
乗り越え　139

索引　235

は
パーソナリティ障碍　12, 78, 92, 93, 113, 139, 193
パーナー (Perner, J.)　34
排出　40, 41, 48, 80
バウム・テスト　15, 44
破瓜期　1
白昼夢　73
歯の生えた膣　44
バロン－コーエン (Baron-Cohen, S.)　35, 36
反抗　37, 38, 49, 102
晩年期　155

ひ
非行　19, 50, 56, 58, 62, 78, 84, 111, 126, 127, 128, 132
被毒妄想　45
ビンスワンガー (Binswanger, L.)　139

ふ
孵化　75
不潔恐怖　54
フッサール (Husserl, E.)　163, 167, 189, 194, 195, 197, 198, 201, 203, 208, 211
不登校　18, 56, 57, 67, 74, 92, 110, 113, 115, 125, 127, 131, 219
部分能力障碍　111, 161
プレマック (Premack, D.)　33
フロイト (Freud, S.)　21, 135, 136, 137, 140, 143, 157, 160, 220
ブロス (Blos, P.)　27, 44, 45, 58, 59, 71, 74, 79, 81, 84, 89, 101, 124, 130, 142, 152, 171
分化　76

分離個体化　74, 75, 76, 78, 79
分離個体化期　224
分離不安　67, 68, 154
分裂機制　193
分裂－妄想的ポジション　139

へ
ヘーゲル (Hegel, G.W.F.)　163, 164, 172, 191, 205
ペニスを持った母親　112

ほ
母子分離　110

ま
マーラー (Mahler, M.S.)　75, 77, 137, 224
マスターソン (Masterson, J.F.)　77, 78
マスターベーション　7, 22, 23, 54, 55, 58, 59, 130

み
見捨てられる不安　78
見せかけの青年期　109

む
夢中　59, 62
夢中 crush の対象　124, 125, 148

め
メルツォフ (Melzhoff, A.N.)　137
メルロー－ポンティ (Merleau-Ponty, M.)　222

も
モラトリアム　98, 114

ゆ
ユング派　45

よ
幼児性欲　21
抑うつ的ポジション　139, 209

ら
ライプニッツ（Leibniz, G.W.）　167
ラカン（Lacan, J.）　141, 142, 160

れ
練習　76
レンプ（Lempp, R.）　111, 161

わ
若い成人　184, 185, 186, 187, 188, 190
若い成人期　95

著者略歴

山本　晃（やまもと　あきら）
　1952 年　大阪市生まれ。大阪大学医学部卒業後，星ヶ丘厚生年金病院神経科医師
　1982～1984 年　ドイツ学術交流会（DAAD）奨学生として，ドイツ・チュービンゲン大学医学部児童青年精神科客員医師
　1984 年　大阪市立小児保健センター精神神経科医師
　1985 年　大阪大学医学部精神医学教室助手
　1994 年　大阪教育大学教育学部障害教育（現：特別支援教育）講座助教授
　2003 年　同教授

著書に『西田哲学の最終形態～精神病理学のみかたから～』（近代文藝社，2004），『自閉症論－"心の理論"を考える－』（冨田和巳，加藤敬編：多角的に診る発達障害．診断と治療社，2006 所収），訳書にレンプ Lempp, R. 著『自分自身をみる能力の喪失について』（共訳）（星和書店，2005）がある。主要論文には「Der frühkindliche Autismus aus der Sicht der Husserlschen Phänomenologie.」（Fundamenta Psychiatrica, 11; 101-106, 1997），「遊戯療法により相互的言語コミュニケーションを獲得した自閉症児－共感的模倣の試み－」（共著）（児童青年精神医学とその近接領域，41; 71-85, 2000），「二種類の他者－自閉症児における他者経験の発達－」（臨床精神病理，28; 233-256, 2007）など。

青年期のこころの発達　ブロスの青年期論とその展開

2010 年 8 月 20 日　初版第 1 刷発行

著　者　　山本　晃
発行者　　石澤雄司
発行所　　㈱星和書店
　　　　　東京都杉並区上高井戸 1-2-5　〒168-0074
　　　　　電話　03（3329）0031（営業）／03（3329）0033（編集）
　　　　　FAX　03（5374）7186
　　　　　http://www.seiwa-pb.co.jp

©2010　星和書店　　　Printed in Japan　　　ISBN978-4-7911-0744-5

わかりやすい 「解離性障害」入門	岡野憲一郎 編 心理療法研究会 著	四六判 320p 2,300円

子どもと家族を援助する 統合的心理療法のアプローチ	E.F.Wachtel 著 岩壁茂、 佐々木千恵 訳	A5判 496p 3,500円

わかりやすい 子どもの精神科薬物療法 ガイドブック	ウィレンズ 著 岡田俊 監訳・監修・訳 大村正樹 訳	A5判 456p 3,500円

こころのライブラリー（10） 少年非行 青少年の問題行動を考える	藤岡淳子、他著	四六判 240p 1,700円

自分自身をみる 能力の喪失について 統合失調症と自閉症の 発達心理学による説明	R.レンプ 著 高梨愛子、 山本晃 訳	A5判 232p 2,900円

発行：星和書店　　http://www.seiwa-pb.co.jp　　価格は本体（税別）です